CORRIGÉ

DES EXERCICES

GRAMMATICAUX,

COMPOSÉS POUR SERVIR D'APPLICATION A LA GRAMMAIRE FRANÇAISE DE M. BONIFACE;

Ouvrage qui, présentant une véritable *grammaire pratique*, peut aussi être utile comme livre de dictées et d'exercices, applicable à toutes les grammaires.

PAR A. BONIFACE, INSTITUTEUR.

PARIS,
CHEZ L'AUTEUR, RUE DE TOURNON, N° 33,
ET CHEZ JOHANNEAU, LIBRAIRE,
RUE DU COQ-SAINT.-HONORÉ, N° 8.

1833.

AUTRES OUVRAGES DE L'AUTEUR.

Grammaire française, méthodique et raisonnée, rédigée d'après un nouveau plan, et fondée sur un grand nombre de faits et sur l'autorité des grammairiens les plus connus.

3e édition, 1 fort vol. in-12. . . 2 fr. 50 c.

Exercices grammaticaux, ou Cours pratique de langue française.

1re partie. . . 1 fr. 50 c.
2e partie. . . 2 50

Géographie descriptive, ou Leçons graduées de géographie.

1er cours. . . 1 fr. c.
2e cours. . . 1 50

(C.)

IMPRIMERIE DE BÉTHUNE,
Rue Palatine, 5.

AVERTISSEMENT.

1 Cet ouvrage, tiré à un petit nombre d'exemplaires, ne se vend qu'aux professeurs.

2° Les numéros qui sont à la tête des exercices renvoient à la Grammaire ; ceux qui suivent les exemples indiquent les auteurs dont ils sont tirés, et dont on trouve la liste à la fin de l'ouvrage.

3° Plusieurs phrases sont en contradiction avec les règles auxquelles elles se rapportent ; mais nous ne l'avons fait que pour constater qu'à cet égard l'usage est partagé : on peut alors, si on le préfère, suivre l'exemple de l'auteur, que d'ailleurs nous approuvons nous-même en le citant.

4° Des fautes graves se sont glissées dans le volume des *Exercices*, malgré les corrections que nous avions indiquées ; elles se trouvent rectifiées dans celui-ci, qui n'est pas lui-même sans reproche, et que nous recommandons à l'indulgence de nos lecteurs.

Pour faciliter la recherche des exercices, nous allons en présenter un tableau analytique, selon l'ordre de matières de la Grammaire.

TABLE ANALYTIQUE.

LEXIGRAPHIE.

DU SUBSTANTIF.

DE L'ADJECTIF QUALIFICATIF.

Formation du féminin.

DE L'ADJECTIF DÉTERMINATIF.

DU PRONOM.

DU VERBE.

DES INVARIABLES.

SYNTAXE.

DU SUBSTANTIF.

DE L'ADJECTIF.

Orthographe.

Adjectif qualificatif.

Pronoms démonstratifs.

DU VERBE.

Accord du verbe avec son sujet.

Nombre du verbe après les substantifs collectifs.

Accord des participes.

CORRIGÉ DES EXERCICES GRAMMATICAUX.

LEXIGRAPHIE.

CHAPITRE PREMIER.

DU SUBSTANTIF.

PREMIER DEGRÉ.

2ᵉ EXERCICE. (n° 224.)

Ces enfants ont des joujous. Ces livres avaient des taches. Ces roses avaient des boutons. Mes sœurs auront de belles robes. Les loups dévorent les moutons. Les enfants dociles obéissent à leurs maîtres. Les bons écoliers étudient et récitent leurs leçons.

3ᵉ EXERCICE (n° 224.)

L'homme. Les chiens. Mes sœurs. Mon frère. Les ordres. Les oranges. Notre enfant. Une plume. Ces maisons.

Cette fleur. Ton ami. Ton arme. Leur sœur. Leur parent. Une orange. Leurs mères. Ses frères. Quelque motif. Mes cahiers. Ces chiens sont fidèles. Mes frères étaient malades. Ma sœur sera contente. Mes maîtres sont satisfaits.

5e EXERCICE. (nos 224 et 225.)

2. — Un bas, cet acacia, votre matelas, un sofa, mes brebis, mes repas, son filet, ce mets, un puits, une nuit, votre avis, votre ami, des carquois, ton habit, le rubis, le poids, le froid, quel excès, notre succès, le palais, un essai.

7e EXERCICE. (nos 224 à 227.)

3. — Les pieux sont droits. Ces tuyaux fuient. Les souriceaux suivent les souris. Les essieux se brisent. Que vos vœux s'accomplissent. Les bigarreaux sont moins sains que les cerises. Que ces adieux sont pénibles! Mes neveux avaient fait des aveux.

Les rosiers sont de jolis arbrisseaux. Le perdreau est un mets délicat. Le pieu est enfoncé dans un creux. Les hiboux se cachent dans des trous. Les choux rouges sont sains. Les sapajous sont lestes. Les cailloux sont durs. Les enfants brisent leurs joujous. Les filous escamotent des bijous. Les poux sont dégoûtants. Les verrous se tirent. Les fous déraisonnent. Les genoux fléchissent.

9e EXERCICE. (nos 224 à 229.)

5. — Les soupiraux sont ouverts. Les vaisseaux ont des gouvernails. Ces généraux ont été caporaux. Ce sont des

régals un peu chers. On a attaché les chevaux aux travails. Les chacals sont voraces. Les narvals sont les ennemis des baleines. Ces coraux sont recherchés. Les bestiaux abondent dans ce pays. Les œils de ces caractères sont trop forts. Voilà des émaux précieux. Ces animaux ont des travaux pénibles. Les taureaux sont des animaux fougueux. Mes aïeuls sont bien âgés. Les aulx sont communs dans ces pays.

10e EXERCICE. (nos 224 à 229.)

Les travaux de la campagne sont pénibles. Le ministre a présenté au Roi plusieurs travails. Les carnavals sont longs en Italie. Les ciels-de-lit ne sont plus de mode. Il se glorifie de ses nombreux aïeux. Mes aïeuls sont morts depuis peu. La Grèce est située sous un des plus beaux ciels. Ce bouillon a beaucoup d'œils. Pour composer ces tableaux, je suis obligé de faire plusieurs travails. Les sapajous sont de jolis singes. Les hiboux sont des oiseaux nocturnes. Les baux sont résiliés. Les cantals sont de bons fromages. Cette porte a deux vantaux. Les caracals ne se trouvent que dans les climats les plus chauds. Les gavials sont de grands crocodiles qui se trouvent sur les bords du Gange.

DEUXIÈME DEGRÉ.

1er EXERCICE. (nos 224-225-226.)

6. — L'huile de lavande détruit les vers, les poux, les mites, et autres insectes. Les coucous mangent les petits

oiseaux. Les moineaux ne se plaisent ni dans les bois ni dans les vastes campagnes; on n'en voit pas même dans les hameaux et dans les fermes qui sont au milieu des forêts. Les chameaux mugissent comme les taureaux. Avec les agates on fait des tabatières, des bagues, des cachets, et autres bijous précieux. L'aune sert à faire des tuyaux sous terre pour la conduite des eaux. Les hiboux cherchent des lieux obscurs. Des gaz malfesants s'exhalent des marais.

2e EXERCICE. (nos 224 à 229.)

7. — Les campagnols sont de petits animaux encore plus redoutables que les mulots. Ces contrées sont situées sous de beaux ciels. Le bon fromage de Gruyère a beaucoup d'œils. Les caves sont éclairées par les soupiraux. Les maréchaux se servent de travails pour contenir les chevaux vicieux. Les richesses des patriarches consistaient principalement en bestiaux; c'étaient des chèvres, des brebis, des chameaux, des bœufs et des ânes : ils ne nourrissaient ni chevaux ni porcs. Les paysans provençaux mangent des aulx. Ce commis a quatre travails par mois avec le ministre. Ce pauvre paysan a peut-être d'illustres aïeux. Les carnavals sont des temps consacrés à la folie. Il y a dans les baux beaucoup de détails.

3e EXERCICE. (*Récapitulation.*)

8. — Qui peut dire : Je n'ai rien à faire. N'a-t-il donc ni devoirs à remplir, ni défauts à perdre, ni talents à perfectionner, ni consolations ni bienfaits à répandre? Les cailloux du Rhin imitent les diamants. Les hiboux sont des oiseaux de mauvais augure. Contre les filous il n'y a

jamais trop de verrous. Petits oiseaux, craignez les coucous et les gluaux. Les bambous sont des roseaux des Indes. L'or ouvre tous les verrous, fascine tous les yeux, donne de la beauté aux laids et de l'esprit aux sots. Les vertus sont de plus beaux ornements que les bijous et les joyaux. Les mines sont des lieux d'où l'on tire des métaux et des minéraux. L'enfance est le temps des jeux. Les succès de l'éducation ne sont achetés que par de longs travaux. Les régals continuels nuisent à la bourse et à la santé. Des fanaux sont utiles aux vaisseaux. Les pipals sont d'énormes crapauds.

CHAPITRE II. — SECTION I.

DE L'ADJECTIF QUALIFICATIF.

PREMIER DEGRÉ.

2ᵉ EXERCICE. (n°ˢ 229 à 232.)

Cette nouvelle n'est pas vraie. Votre sœur est très-gaie. L'orage est passé. Ma mère est guérie de ses maux de jambe; il y a vingt jours qu'elle est rétablie. Plus une chose est défendue, plus elle est désirée. Ce plaisir nous est défendu. La culture des fleurs est agréable. Habile en tout, cette femme sera recherchée. J'ai une collection choisie d'émaux. Elle est mieux parée par ses vertus que par ses bijous.

3e EXERCICE. (nos 229 à 232.)

10. — La pluie est tombée. L'âge est passé. La campagne est embellie. Ma montre est arrêtée : elle doit être remontée. Ce joli jardin est ombragé. Cette jolie maison est vendue. La montre dorée est peu estimée. Votre fête si désirée est enfin arrivée. L'été sera bientôt passé, et la chaleur diminuée. L'hiver arrivé, la campagne sera bientôt dépouillée. Le vrai mérite est toujours recherché. La conduite de vos neveux est blâmée. La dureté des cailloux est passée en proverbe. L'adresse des filous est connue. La fin de nos maux est arrivée.

4e EXERCICE. (nos 229, 230 et 231.)

11. — La fleur cueillie est bientôt flétrie. Le fruit tombé est bientôt gâté. Mon appétit est recouvré, et ma santé meilleure. L'étude est ma seule consolation. Le spectacle de la campagne cultivée est toujours admiré. Fatale beauté, tu seras bientôt flétrie et dédaignée. L'autorité royale, respectée jusqu'alors, fut bientôt méconnue. Non moins hardie que le tigre, l'once est facilement domptée et dressée à la chasse de la gazelle. L'oisiveté est fatale à la santé, qui en est souvent altérée. La cave est éclairée et aérée par des soupiraux. Cette pluie est fatale aux travaux de la campagne. Les aulx ont une odeur forte.

6e EXERCICE. (nos 232 à 236.)

13. — L'homme est mortel, et son ame immortelle. La lice est une grosse chienne; elle n'est pas mignonne. Ma

joie est complète, et ma bouche muette. La langue italienne est facile. O fille ingrate et cruelle! Sa figure est plate et idiote. La guigne est douce, et la cerise surette. Elle est sortie par une porte secrète. Nulle paix pour l'impie. Une personne discrète est retenue dans ses paroles et dans ses actions. La femme indiscrète est sujette à faillir. A sotte demande, nulle réponse. Une douleur intérieure n'en est que plus vive. L'instruction religieuse est essentielle.

7e EXERCICE. (nos 232 à 236.)

14.— La religion mahométane n'est pas très-ancienne. La langue persane est pleine d'images. La vaisselle plate est coûteuse. Cette broderie est mate. Sa figure est vieillotte et maigrelette. La langue laponne est singulièrement composée dans la plupart de ses mots. Sa maladie la rend soucieuse et inquiète. Vingt chevaux est une quantité concrète. Sa sœur cadette n'est pas belle. Les dieux de l'ancienne Grèce étaient nombreux. Les baux sont une assurance mutuelle. Aux travaux de la guerre succède quelquefois une molle oisiveté. Dans cette belle prairie paissent de nombreux bestiaux. Ces bijous n'ont qu'une valeur accidentelle.

8e EXERCICE. (nos 236 à 241.)

15. — J'ai la meilleure part. Sa voix est enchanteresse. Madame de Staël est auteur d'excellents ouvrages. La femme joueuse ruine sa maison. O religion, seule consolatrice de tous mes maux! Je ne serai jamais la délatrice de personne. Cérès est l'inventrice du labourage.

Madame Catalani est la cantatrice la plus renommée de l'Europe. Ma vie tout entière vous est vouée. Je vous en fais la défense expresse. Si cette somme vous est due, elle vous sera payée. Votre réponse est ambiguë. Que sa voix est fraîche ! Quelle maligne petite fille ! La langue grecque est douce. La lune rousse n'est pas bonne. Il a une fausse fluxion de poitrine et une fièvre tierce. La lecture est mon occupation favorite. Madame de Genlis est un écrivain distingué. Cette demoiselle a une belle chevelure châtain.

9ᵉ EXERCICE. (nᵒˢ 236 à 241.)

16. — L'étude sera ma seule consolatrice. Cette femme est joueuse et dissipatrice. Je ne serai point, dit-elle, spectatrice muette d'une telle scène. Cette dame est auteur de plusieurs ouvrages, et professeur de langue italienne. Cette dame pieuse est fondatrice de plusieurs établissements. L'eau trop fraîche est dangereuse. Madame, soyez témoin de ma déclaration franche et loyale. Maison caduque n'est bonne qu'à abattre. La langue grecque est aujourd'hui plus étudiée dans les colléges. Ma sœur aînée est majeure. Espère une meilleure fortune. Que l'impie craigne la foudre vengeresse. La voix enchanteresse des sirènes était bien trompeuse. La modestie d'une femme auteur doit être égale à son talent.

10ᵉ EXERCICE. (nᵒˢ 236 à 241.)

17. — Si une mère est fière de la beauté de sa fille, elle doit être encore plus orgueilleuse de ses vertus. Je n'ai nulle envie de vendre ces joyaux sans votre permission expresse.

La voix de ces animaux est aiguë. Cet auteur a fait d'immenses travaux sur la langue grecque, qu'il assure être dérivée de la langue hébraïque. J'ai perdu de bonne heure mes aïeuls. Cette jeune fille, si belle et si fraîche, doit craindre la longue fréquentation des bals. Possesseur d'une fortune colossale, que d'heureux, madame, vous devez faire! La religion dominante devient bientôt dominatrice. Madame, êtes-vous amatrice de beaux émaux? Dioclétien, cultivant ses choux et ses fleurs, préférait cette vie douce et tranquille à la vie tumultueuse de la cour.

11e EXERCICE. (nos 241 à 245.)

18. — Les enfants sont légers et inconstants. Des villes autrefois contiguës à la mer, en sont aujourd'hui très-éloignées. De quelles grandes et puissantes consolations sont privés ceux qui manquent de religion! Les questionneurs les plus impitoyables sont les personnes vaines et désœuvrées. Les yeux noirs sont plus beaux que les yeux bleus; mais ceux-ci sont plus doux. Les livres hébreux ont été traduits en langue grecque. Je n'aime pas les jeux brutaux. Fuyez, instants fatals à nos plaisirs!

DEUXIÈME DEGRÉ.

1er EXERCICE. (nos 229 à 245.)

20. — Craignez les fatals ciseaux de la Parque. Les charretiers sont généralement brutaux et violents à l'égard de leurs chevaux. Les enfants voudraient toujours avoir de nouveaux joujous. Lâches et craintifs, les loups

deviennent hardis et féroces par nécessité. Les vents du nord sont glacials. Messieurs, nous ne sommes pas aussi matinals que vous. La mer a été témoin de tant de combats navals ! On n'entend guère dans ces lieux que des discours triviaux. Il y a dans beaucoup de villages des fours banals. Ce n'est pas dans la solitude qu'on puise des sentiments sociaux. Les mœurs de ces bons paysans sont simples, leurs habits grossiers, leurs repas frugaux. L'odeur forte et désagréable du serpent à sonnettes semble lui avoir été donnée par la nature, ainsi que les sonnettes, afin que les hommes, avertis de son approche, pussent l'éviter. Cette espèce de sonnette, placée à l'extrémité de sa queue, est un assemblage d'anneaux creux, sonores, emboîtés l'un dans l'autre, et attachés à un muscle de la dernière vertèbre.

2ᵉ EXERCICE. (*Idem.*)

21. — Pour nous rendre agréables à Dieu, nous devons être d'autant plus humbles que nous sommes plus grands.

Les Grecs déclaraient infâmes ceux qui s'étaient ruinés par leurs folles dépenses, et les prodigues étaient privés d'être inhumés dans la tombe de leurs pères.

La docilité n'est pas la seule qualité sociale dont soient doués les animaux domestiques : ils nous sont naturellement attachés, et semblent chercher eux-mêmes toutes les occasions de nous être utiles.

On voit la reine d'une ruche presque toujours environnée d'un cercle d'abeilles, uniquement occupées à lui être utiles.

Tâchons de devenir plus respectables à mesure que nous devenons moins aimables.

Bien des choses ne sont impossibles que parce qu'on s'est accoutumé à les regarder comme telles; une opinion contraire et du courage rendraient souvent faciles les choses que le préjugé et la lâcheté font regarder comme impraticables.

3ᵉ EXERCICE. (*Idem.*)

22. — La religion a détruit des superstitions impures et cruelles, a rendu les hommes plus éclairés et meilleurs, et a formé de toutes parts des pères plus vertueux, des enfants plus soumis, des époux plus fidèles, des maîtres plus justes, et des magistrats plus intègres.

De nos jours la religion a été, plus que dans tout autre temps, attaquée, outragée, foulée indignement aux pieds; les choses saintes sont tombées dans l'avilissement; la piété de nos pères est devenue un objet de dérision pour leur postérité; l'impiété est descendue jusqu'au peuple, et les campagnes en sont infectées comme les cités. Ceux qui, étant privés d'instruction, devraient être les plus dociles, se montrent quelquefois les plus opiniâtres dans leur révolte grossière contre le ciel.

L'amitié rend les prospérités plus complètes, et les malheurs plus supportables. Honte et malheur aux enfants ingrats, pour qui l'amour filial aurait besoin de préceptes écrits et de théorie raisonnée!

4ᵉ EXERCICE. (*Idem.*)

23. — Dans une belle nuit, on observe de petites blancheurs irrégulières appelées nébuleuses; ce sont des amas d'étoiles très-éloignées, et conséquemment presque imper-

ceptibles et peu brillantes. La voie lactée est elle-même reconnue comme une trace nébuleuse, beaucoup plus rapprochée de nous, quoique la distance en soit incalculable.

Sans le chameau, les vastes déserts de l'Asie et de l'Afrique seraient impraticables; ces espèces d'îles, séparées des pays habités par des sables brûlants et stériles, n'auraient jamais été connues.

Les peuples peuvent bien être opposés de mœurs et de langage, séparés par des mers immenses, divisés par des rivalités sanglantes; mais il est un point sur lequel ils se réunissent tous : la croyance d'un Dieu.

Que de merveilles sont encore cachées pour nous, cachées même pour les siècles futurs! Mais celles qui nous sont dévoilées annoncent assez les perfections infinies du Créateur.

Les grandes vérités morales et religieuses remplissent l'ame des sentiments les plus généreux, offrent au malheur de solides consolations, et ne tendent ainsi à nous rendre meilleurs que pour nous rendre plus heureux

5ᵉ EXERCICE. (*Idem.*)

24.— Les Auvergnats, comme tous les peuples montagnards, sont en général de bonnes gens, honnêtes, sobres, et hospitaliers. Ils sont pauvres, mais ils ont peu de besoins. L'air vif et pur des montagnes, et l'habitude de gravir des lieux escarpés, développent leurs forces, et rendent leurs corps sains et robustes. Leurs goûts sont simples, et leurs mœurs douces, quoique leurs manières, en harmonie avec la contrée qu'ils habitent, soient en quelque sorte rudes et sauvages. Il n'est pas d'hommes qui soient plus attachés que ces montagnards à leur pays natal. Ils aiment leurs rochers, leurs forêts, les restes imposants de leurs volcans éteints, et l'aspect gracieux de leurs riants et fertiles vallons. Ils aiment leurs vaches paisibles et leurs chèvres alertes, dont le lait est employé par eux à faire d'excellents fromages, qu'ils offrent de bonne amitié aux étrangers attirés par la curiosité dans leurs belles coutrées.

6e EXERCICE. (*Idem.*)

25. — Qu'elle est belle, cette nature cultivée! Que par les soins de l'homme elle est brillante et pompeusement parée! Il en fait lui-même le principal ornement, il en est la production la plus noble; en se multipliant, il en multiplie le germe le plus précieux; elle-même aussi semble se multiplier avec lui; il met au jour par son art tout ce qu'elle recélait dans son sein. Que de trésors ignorés, que de richesses nouvelles! Les fleurs, les fruits, les grains perfectionnés, multipliés à l'infini; les espèces utiles d'animaux transportées, propagées, augmentées sans nombre; les espèces nuisibles réduites, confinées, reléguées; l'or et le fer, plus nécessaire que l'or, tirés des entrailles de la terre; les torrents contenus, les fleuves dirigés, resserrés; la mer même soumise, reconnue, traversée d'un hémisphère à l'autre; la terre accessible partout, partout rendue aussi vivante que féconde; dans les vallées, de riantes prairies, dans les plaines, de riches pâturages ou des moissons encore plus riches; les collines chargées de vignes et de fruits, leurs sommets couronnés d'arbres utiles et de jeunes forêts; les déserts devenus des cités habitées par un peuple immense, qui, circulant sans cesse, se répand

de ses centres jusqu'aux extrémités; des routes ouvertes et fréquentées, des communications établies partout, comme autant de témoins de la force et de l'union de la société; mille autres monuments de puissance et de gloire démontrent assez que l'homme, maître du domaine de la terre, en a changé, renouvelé la surface entière, et que de tout temps il partage l'empire avec la nature. (Buffon.)

SECTION II.

DE L'ADJECTIF DÉTERMINATIF.

2e exercice (245 à 252.)

26. —Tous ces vains plaisirs du monde ne sont point recherchés par le sage. L'araignée vit de ses filets, comme le chasseur de sa chasse. Les éléphants écrasent et détruisent dix fois plus de plantes avec leurs pieds qu'ils n'en consomment pour leur nourriture. L'homme pieux n'emprunte pas ses avantages de ces faux biens du monde; ses vrais ornements sont en lui-même. Dans son inépuisable bonté, Dieu donne tout son soin aux créatures de l'univers. Son amour s'étend sur tous les êtres qui sont sortis de sa main. Les poissons ne le cèdent point aux animaux terrestres par la diversité de leurs formes et de leurs grandeurs, et Dieu n'est pas moins admirable dans ces créatures que dans ses plus belles œuvres.

CHAPITRE III.

DU PRONOM.

2e EXERCICE. (252 à 258.)

27. — La rose et l'œillet sont les fleurs auxquelles je donne la préférence. Vous avez quelquefois des désirs auxquels on ne peut acquiescer, parce qu'ils sont peu raisonnables. Quand des enfants ont commis des fautes dont ils sont repentants, pardonnez-les-leur; mais n'excusez jamais celles qui sont volontaires, et que n'accompagne aucun repentir. Quand des enfants demandent des choses déraisonnables, on les leur refuse. Ce serait leur nuire que d'accéder à tous leurs désirs. C'eût été bien malheureux que ce père de famille se fût noyé. La rose s'épanouit où croissait le chardon. La rose s'épanouit, ou meurt dans son bouton.

28.— Les pieds de derrière des chenilles leur sont donnés pour se tenir fermes. Il y a des tortues sur l'écaille desquelles quatorze hommes peuvent monter. Il y a des choses auxquelles il faut se faire, sous peine de trouver la vie insupportable : ce sont les injures du temps et les injustices des hommes. Dans cet univers, chacun des êtres qui le composent a sa nature propre, ses attributs qui le constituent, par lesquels il existe, et sans lesquels il est impossible de le concevoir. Des expériences sur lesquelles on s'était reposé avec trop de confiance ont été trouvées fautives ; c'est ce qui doit nous rendre circonspects. Par la science, l'homme ose franchir les bornes étroites dans lesquelles la nature semble l'avoir renfermé.

3ᵉ EXERCICE. (*Idem.*)

29.— Il faut accoutumer doucement les enfants à être privés des choses pour lesquelles ils ont témoigné trop d'ardeur, afin qu'ils n'espèrent jamais d'obtenir ce qui a excité leurs désirs. Il faut que toutes les paroles qu'on dit aux enfants servent à leur faire aimer la vérité, et à leur inspirer le mépris de toute dissimulation. Ces animaux auxquels on donne le moins de soins, sont ceux desquels on retire le plus de profit. Ces leçons de la sagesse auxquelles tant d'autres doivent leur bonheur ne produiront-elles rien sur vous ? Ne leur prêterez-vous pas une oreille attentive ? Le renard, si fameux par ses ruses, se laisse quelquefois prendre aux piéges qu'on lui tend. Ces enfants, qui font tout ce qu'il leur plaît, seront un jour exposés à des contrariétés auxquelles ils ne s'attendent guère. J'irai à Paris, ou je resterai ici. J'irai à Paris, où je resterai quelques jours. Ces livres, auxquels je consacre tous mes loisirs, et sans lesquels je ne pourrais vivre, sont mes meilleurs amis : ils me consolent dans mes peines, ils me donnent d'excellents conseils, et je leur dois ce bonheur où j'aspirais depuis si long-temps.

Récapitulation.

30. — Les métaux sont rarement purs dans les mines. Ils se trouvent mêlés et unis avec différentes espèces de sable, de pierres, de soufre, ou d'autres substances. Il s'en rencontre presque à fleur de terre, et d'autres sont à une très-grande profondeur. Dans ce dernier cas, on creuse un puits perpendiculairement jusqu'à ce qu'on ait rencontré quelque bonne veine. On la suit, et lorsqu'elle finit, on recommence à creuser plus bas dans la même ligne. Il est peu d'arts où le défaut de connaissance soit aussi préjudiciable que dans celui des mines. Chaque pays a ses usages pour la séparation des métaux. Au Pérou, où se trouvent les mines les plus riches et les plus abondantes, on emploie une espèce de moulin, où l'on écrase la pierre tirée de la mine, et qui se nomme minerai. Pour l'or, qu'on distingue à peine à l'œil, lorsque les pierres sont un peu écrasées, on y jette une certaine quantité de vif-argent ou mercure, qui s'attache seulement à l'or que la meule a séparé. L'or incorporé avec le mercure tombe au fond, où il demeure retenu par sa pesanteur. On moud par jour vingt-cinq quintaux de minerai : on fait ensuite chauffer cette pâte d'or et de mercure, pour faire évaporer le mercure. Suivant la qualité des mines et la richesse des veines, cinquante quintaux de minerai donnent quatre, cinq, ou six onces d'or. Quand ils n'en donnent que deux, le mineur ne retire que ses frais, ce qui arrive souvent ; mais il est bien dédommagé quand il rencontre de bonnes veines.

CHAPITRE IV.

DU VERBE.

Première personne du singulier.

2ᵉ EXERCICE. (261.)

31. — Je veux, je cours, je bourre, je choisis, j'aventure, je dors, j'avoue, je vais, je serre, je sers, je parie, je vaux, je bois, je ris, j'envie, je vois, je sais, je dors, je prie, je me prévaux, je châtie, j'obéis, j'apprécie, j'unis, je nie, j'offre, je découvre, je recueille, je salis, je sale, je demeure, je fuis.

3ᵉ EXERCICE. (*Idem.*)

Je l'admire, je les vois, je leur dis la vérité, je l'adore, je dors paisiblement, je le suis, je m'égare, je m'étourdis, je m'estropie, je me rassasie, je me récrée, je les agrée, je confis des fruits, je vous confie mon secret, je viens la voir, je m'en souviens, je les prie de venir, je m'entoure de mes amis, je les défie de venir, je bous d'impatience. Je leur jure de les suivre, je lis avec attention, je me lie avec lui, je me sacrifie pour eux, je cours avec elle, je les offre, je l'accueille, je ne le peux, je ne veux pas.

4e EXERCICE. (*Idem.*)

33. — Je le veux bien, mais je ne le peux pas. Je pleure, je crie, parce que je souffre beaucoup. Je me sers de mes joujous, et je les serre. Je ris et je pleure souvent. Je lis ma leçon, et je l'étudie. Quand je fais des fautes, je les avoue. Si je bois du café, je dors peu. Je prie Dieu, et le bénis. Je ne fais pas toujours ce que je veux. Je sue dès que je cours. Je joue, je lis et j'écris tour à tour. J'étudie dans mes livres, et ne les déchire pas. Je serre ces enfants dans mes bras; je leur sers de père. Je meurs d'ennui quand je ne joue ni n'étudie.

6e EXERCICE. (262 à 265.)

34. — Je vends, j'attends, je résous, je dissous, j'interromps, je prétends, je pressens, je sors, je descends, je reconnais, je disparais, je mets, je commets, je méconnais, je pars, j'entends, je me repens, je crains, je m'assieds, je conclus, je ne mens pas, je ne me résous pas, je plais, je rejoins, je corromps.

7e EXERCICE. (*Idem.*)

Je sors aussitôt, je pars bientôt, je les connais beaucoup, je ne mens jamais, je l'interromps souvent, je peins quelquefois, je ne crains nullement, je le fais sciemment, je les mets ensemble, je les attends long-temps, je m'assieds ensuite, je les convaincs soudain, je me repens alors, je la plains vraiment, je le rejoins incessamment, je ne me résous que difficilement, je me joins volontiers à eux, je ne t'attends pas plus tôt, je te le promets maintenant.

8e EXERCICE. (261 à 265.)

35. — J'étudie ce que j'écris, et je l'apprends ensuite par cœur. Je vais où je veux. Je fais d'ordinaire ce que je veux. Si je vaux mieux que lui, je ne m'en prévaux pas. Quand je l'interromps, je sens que j'ai tort. Je rougis aussitôt que je mens; je vaincs cependant ma timidité, et ne crains pas de parler. Je prends bientôt mon parti, je me résous. Je peins, je colorie mieux que je ne dessine. Je pars, et reviens aussitôt. Je me pare le dimanche, et je sors ordinairement. Je m'assieds, et me mets à mon aise. Je connais cette personne, et la vois souvent. Je ne comprends rien à ce que j'étudie. Je ne me lie jamais avec les menteurs, parce que je m'en défie. Je soupire, étends les bras, et m'endors. Je m'abstiens prudemment des obligations dont je crains les suites. Je vends les tableaux que je peins.

10e EXERCICE. (265 à 270.)

36. — Dès que je le vis, je l'appelai. Je lui dirai de venir. Hier je lui parlai. Je riais et je pleurais. Je vous écrirai. Je perdrais beaucoup. Je tins ma parole. Je sentais des maux que je n'osais avouer. Je fais tout ce que je peux. Je sais ce que je vaux. On ne veut pas que je coure. Je reviendrai bientôt. Je viendrais vous voir. Il ne faut pas que je rie. Je choisirai ce que je voudrai. Je vous promets de me bien conduire. Je voudrais que tu m'avertisses. Il faudrait que je travaillasse mieux. Il désire que je meure. Je me trouverais heureux si j'étais auprès d'elle.

12ᵉ EXERCICE. (224 à 229, 241 à 245.)

38. — Quand je vois des oiseaux, je les attire, et je les prends. Je fesais des vœux pour leurs succès. Je vends des joyaux ou j'en loue. Je crains les chevaux fougueux, et je les évite. Je lis les journaux, ou plutôt je les parcours. Je pressens bien des maux. Je m'égarai, et je courus par monts et par vaux. Je ploie les genoux quand je porte de lourds fardeaux. Je me nourrissais de choux, et je ne m'en plaignais pas. Quand j'aperçois des hiboux, je les poursuis jusque dans leurs trous. Je mets mes bijous quand je sors. Je m'ennuie dans tous ces bals, et je m'y endors. Quand je verrai des moineaux, je les prendrai avec mes gluaux. Je fermai la porte aux deux verrous. Je terminerai mon travail. Je cultivais des aulx. Je vendrai mes deux châteaux quand j'aurai fini mes baux. J'imiterai mes aïeux. J'héritai de mes aïeuls. Je peins les ciels. Je lève les yeux vers les cieux. J'achetai de beaux cristaux et des émaux précieux.

Deuxième personne du singulier.

14ᵉ EXERCICE. (270 à 276.)

40. — Tu veux, tu cours, tu bourres, tu choisis, tu aventures, tu dors, tu avoues, tu viens, tu serres, tu sers, tu paries, tu vaux, tu bois, tu ris, tu envies, tu vois, tu sais, tu dores, tu pries, tu te prévaux, tu châties, tu obéis, tu apprécies, tu unis, tu nies, tu offres, tu découvres, tu recueilles, tu salis, tu sales, tu demeures, tu fuis.

Tu voulais, tu courais, tu bourrais, tu choisissais, tu

aventurais, tu dormais, tu avouais, tu venais, tu serrais, tu servais, tu pariais, tu valais, tu buvais, tu riais, tu enviais, tu voyais, tu savais, tu dorais, tu priais, tu te prévalais, tu châtiais, tu obéissais, tu appréciais, tu unissais, tu niais, tu offrais, tu découvrais, tu recueillais, tu salissais, tu salais, tu demeurais, tu fuyais.

Tu voulus, tu courus, tu bourras, tu choisis, tu aventuras, tu dormis, tu avouas, tu vins, tu serras, tu servis, tu parias, tu valus, tu bus, tu ris, tu envias, tu vis, tu sus, tu doras, tu prias, tu te prévalus, tu châtias, tu obéis, tu apprécias, tu unis, tu nias, tu offris, tu découvris, tu recueillis, tu salis, tu salas, tu demeuras, tu fuis.

Tu voudras, tu courras, tu bourreras, tu choisiras, tu aventureras, tu dormiras, tu avoueras, tu viendras, tu serreras, tu serviras, tu parieras, tu vaudras, tu boiras, tu riras, tu envieras, tu verras, tu sauras, tu doreras, tu prieras, tu te prévaudras, tu châtieras, tu obéiras, tu apprécieras, tu uniras, tu nieras, tu offriras, tu découvriras, tu recueilleras, tu saliras, tu saleras, tu demeureras, tu fuiras.

Veuille, cours, bourre, choisis, aventure, dors, avoue, viens, serre, sers, parie, bois, ris, envie, vois, sache, dore, prie, prévaux-toi, châtie, obéis, apprécie, unis, nie, offre, découvre, recueille, salis, sale, demeure, fuis.

Que tu veuilles, que tu coures, que tu bourres, que tu choisisses, que tu aventures, que tu dormes, que tu avoues, que tu viennes, que tu serres, que tu serves, que tu paries, que tu vailles, que tu boives, que tu ries, que tu envies, que tu voies, que tu saches, que tu dores, que tu pries, que tu te prévales, que tu châties, que tu obéisses, que tu apprécies, que tu unisses, que tu nies, que tu offres, que tu découvres, que tu recueilles, que tu salisses, que tu sales, que tu demeures, que tu fuies.

15e EXERCICE. (*Idem.*)

41. — Tu l'admires, tu les vois, tu leur dis la vérité, tu l'adores, tu dors paisiblement, tu le suis, tu t'égares, tu t'étourdis, tu t'estropies, tu te rassasies, tu te récrées, tu les agrées, tu confis des fruits, tu nous confies ton secret, tu viens la voir, tu t'en souviens, tu les pries de venir, tu t'entoures de tes amis, tu les défies de venir, tu bous d'impatience, tu leur jures de les suivre, tu lis avec attention, tu te lies avec lui, tu te sacrifies pour eux, tu cours avec elle, tu les offres, tu l'accueilles, tu ne le peux, tu ne le veux pas.

16e EXERCICE. (*Idem.*)

42. — Tu le veux bien, mais tu ne le peux pas. Tu pleures, tu cries, parce que tu souffres beaucoup. Tu te sers de tes joujous, et tu les serres. Tu ris et tu pleures souvent. Tu lis ta leçon et tu l'étudies. Quand tu fais des fautes, tu les avoues. Si tu bois du café, tu dors peu. Tu pries Dieu et le bénis. Tu ne fais pas toujours ce que tu veux. Tu sues dès que tu cours. Tu joues, tu lis et tu écris tour à tour. Tu étudies dans tes livres, et ne les déchires pas. Tu serres ces enfants dans tes bras; tu leur sers de père. Tu meurs d'ennui quand tu ne joues ni n'étudies.

17e EXERCICE. (*Idem.*)

43. — Tu vends, tu attends, tu résous, tu dissous, tu

interromps, tu prends, tu pressens, tu sors, tu descends, tu reconnais, tu disparais, tu mets, tu méconnais, tu pars, tu entends, tu te repens, tu crains, tu t'assieds, tu conclus, tu ne mens pas, tu ne te résous pas, tu plais, tu rejoins, tu corromps, tu sors aussitôt, tu pars bientôt, tu les connais beaucoup, tu ne mens jamais, tu l'interromps souvent, tu peins quelquefois, tu ne crains nullement, tu le fais sciemment, tu les mets ensemble, tu les attends long-temps, tu t'assieds ensuite, tu les convaincs soudain, tu te repens alors, tu la plains vraiment, tu le joins incessamment, tu ne te résous que difficilement, tu te joins volontiers à eux, tu ne m'attends pas plus tôt, tu me le promets maintenant.

18e EXERCICE. (*Idem.*)

44. — Tu étudies ce que tu écris, tu l'apprends ensuite par cœur. Tu vas où tu veux. Tu fais d'ordinaire ce que tu veux. Si tu vaux mieux que lui, tu ne t'en prévaux pas. Quand tu l'interromps, tu sens que tu as tort. Tu rougis aussitôt que tu mens, tu vaincs cependant ta timidité, et ne crains pas de parler. Tu prends bientôt ton parti. Tu te résous. Tu peins, tu colories mieux que tu ne dessines. Tu pars et reviens aussitôt. Tu te pares le dimanche, et tu sors ordinairement. Tu t'assieds et te mets à ton aise. Tu connais cette personne, et la vois souvent. Tu ne comprends rien à ce que tu étudies. Tu ne te lies jamais avec les menteurs, parce que tu t'en défies. Tu soupires, étends les bras, et t'endors. Tu t'abstiens prudemment des obligations dont tu crains les suites. Tu vends les tableaux que tu peins.

19ᵉ EXERCICE. (*Idem.*)

45. — Tu joueras, hier tu jouas, tu te promenas, demain tu iras nous voir, il faut que tu meures, il faudrait que tu partisses, il ne faut pas que tu ries, on voudrait que tu vinsses. Hier tu le vis, et lui parlas. Tu ferais tout ce que tu voudrais. Quand tu étais à la campagne, tu te promenais souvent. Tu te vêts chaudement, tu mets deux vêtements. Tu essaies ce que tu veux faire.

20ᵉ EXERCICE. (*Idem.*)

46. — Dès que tu le vis, tu l'appelas. Tu lui diras de venir. Hier tu lui parlas. Tu riais et tu pleurais. Tu nous écriras. Tu perdrais beaucoup. Tu tins ta parole. Tu sentais des maux que tu n'osais avouer. Tu fais tout ce que tu peux. Tu sais ce que tu vaux. On ne veut pas que tu coures. Tu reviendras bientôt. Tu viendrais nous voir. Il ne faut pas que tu ries. Tu choisiras ce que tu voudras. Tu nous promets de te bien conduire. Tu voudrais que je t'avertisse. Il faudrait que tu travaillasses mieux. Il désire que tu meures. Tu te trouverais heureux, si tu étais auprès d'elle.

21ᵉ EXERCICE. (*Idem.*)

47. — Quand tu vois des oiseaux, tu les attires, et tu les prends. Tu fais des vœux pour leurs succès. Tu vends des joyaux ou tu en loues. Tu crains les chevaux fougueux, et tu les évites. Tu lis les journaux, ou plutôt tu les parcours. Tu pressens bien des maux. Tu t'égaras, et

tu courus par monts et par vaux. Tu ploies les genoux quand tu portes de lourds fardeaux. Tu te nourrissais de choux, et tu ne t'en plaignais pas. Quand tu aperçois des hiboux, tu les poursuis jusque dans leurs trous. Tu mets tes bijous quand tu sors. Tu t'ennuies dans tous ces bals, tu t'y endors. Quand tu verras des moineaux, tu les prendras avec tes gluaux. Tu fermas la porte aux deux verrous. Tu terminerais ton travail. Tu cultivais des aulx. Tu vendras tes deux châteaux quand tu auras fini tes baux. Tu imiteras tes aïeux. Tu héritas de tes aïeuls. Tu peins des ciels. Tu lèves les yeux vers les cieux. Tu achetas de beaux cristaux et des émaux précieux.

22ᵉ EXERCICE. (*Idem.*)

48. — Va à la campagne, et amuses-y toi. Apprends ta leçon, copie-la, et récite-la. Couche-toi sur l'herbe, et endors-toi. Secours un malheureux, ou console-le. Lie toi avec les bons, et fuis les méchants. Copie une page, et étudies-en la moitié. Éteins la chandelle, et rallume-la. Ouvre cette lettre, et lis-la. Lie ces paquets, et fais-les porter à leur destination. Entreprends cette affaire, et donnes-y tes soins. Adore Dieu, bénis-le, et rends-lui grâces.

Première et deuxième personne du singulier.

23ᵉ EXERCICE. (*Récapitulation.*)

49. — Je te loue quand tu fais bien. Écoute ce que je te dis. Choisis ce que tu veux. Tu feras ce que je te dirai. Je voudrais que tu étudiasses mieux. Tu doutais que je courusse mieux que toi. Je souhaite que tu le croies.

Étudie les leçons que je te donnai hier. Si tu mens, je te punirai. Va dans le jardin, cueilles-y des fleurs, et apporte-m'en. Aie confiance en Dieu, implore son secours, et tu réussiras. Dis-moi qui tu hantes, et je te dirai qui tu es. Viens, je t'en prie.

Formation du féminin dans les adjectifs.

24e EXERCICE. *Récapitulation.* (nos 230 à 241, 261 à 276.)

50. — Je vis une jolie fleur, et je la cueillis. Sois polie, ma fille, et tu obtiendras ce que tu désires. Je te récompenserai de ta bonne conduite. Je ne reverrai jamais une chose pareille. Je sens une douleur cruelle. Je perds une mauvaise habitude. Il faut, ma chère enfant, que tu sois discrète. Je te donnerai une robe violette. Tu ris toujours, tu es d'une humeur trop bouffonne. Ne sois pas inquiète, ma mère, je rentrerai de bonne heure. Quand tu me feras une sotte question, je n'y répondrai pas. Tu ne réussirais pas dans cette folle entreprise. J'étudie la langue espagnole et la langue italienne. Tu n'as nulle envie de bien faire. Je désire, ma sœur, que tu te trouves plus heureuse. Ma fille, quand tu seras possesseur d'une grande fortune, sois généreuse, bienfesante, et tu seras chérie. Je ne serai jamais la délatrice de personne, dit à ses juges l'infortunée Marie-Antoinette. Douce religion, tu seras ma seule consolatrice. Tu ressentiras une douleur aiguë.

Troisième personne du singulier.

26e EXERCICE. (276 à 278.)

52. — Il veut, il court, il bourre, il choisit, il aventure, il dort, il avoue, il vient, il serre, il sert, il parie, il vaut, il boit, il rit, il envie, il voit, il sait, il dore, il prie, il se prévaut, il châtie, il obéit, il apprécie, il unit, il nie, il offre, il découvre, il recueille, il salit, il sale, il demeure, il fuit.

Il voulait, il courait, il bourrait, il choisissait, il aventurait, il dormait, il avouait, il venait, il serrait, il servait, il pariait, il valait, il buvait, il riait, il enviait, il voyait, il savait, il dorait, il priait, il se prévalait, il châtiait, il obéissait, il appréciait, il unissait, il niait, il offrait, il découvrait, il recueillait, il salissait, il salait, il demeurait, il fuyait.

Il voulut, il courut, il bourra, il choisit, il aventura, il dormit, il avoua, il vint, il serra, il servit, il paria, il valut, il but, il rit, il envia, il vit, il sut, il dora, il pria, il se prévalut, il châtia, il obéit, il apprécia, il unit, il nia, il offrit, il découvrit, il recueillit, il salit, il sala, il demeura, il fuit.

Il voudra, il courra, il bourrera, il choisira, il aventurera, il dormira, il avouera, il viendra, il serrera, il servira, il pariera, il vaudra, il boira, il rira, il enviera, il verra, il saura, il dorera, il priera, il se prévaudra, il châtiera, il obéira, il appréciera, il unira, il niera, il offrira, il découvrira, il recueillera, il salira, il salera, il demeurera, il fuira.

Il voudrait, il courrait, il bourrerait, il choisirait, il

aventurerait, il dormirait, il avouerait, il viendrait, il serrerait, il servirait, il parierait, il vaudrait, il boirait, il rirait, il envierait, il verrait, il saurait, il dorerait, il prierait, il se prévaudrait, il châtierait, il obéirait, il apprécierait, il unirait, il nierait, il offrirait, il découvrirait, il recueillerait, il salirait, il salerait, il demeurerait, il fuirait.

Qu'il veuille, qu'il coure, qu'il bourre, qu'il choisisse, qu'il aventure, qu'il dorme, qu'il avoue, qu'il vienne, qu'il serre, qu'il serve, qu'il parie, qu'il vaille, qu'il boive, qu'il rie, qu'il envie, qu'il voie, qu'il sache, qu'il dore, qu'il prie, qu'il se prévale, qu'il châtie, qu'il obéisse, qu'il apprécie, qu'il unisse, qu'il nie, qu'il offre, qu'il découvre, qu'il recueille, qu'il salisse, qu'il sale, qu'il demeure, qu'il fuie.

Qu'il voulût, qu'il courût, qu'il bourrât, qu'il choisît, qu'il aventurât, qu'il dormît, qu'il avouât, qu'il vînt, qu'il serrât, qu'il servît, qu'il pariât, qu'il valût, qu'il bût, qu'il rît, qu'il enviât, qu'il vît, qu'il sût, qu'il dorât, qu'il priât, qu'il se prévalût, qu'il châtiât, qu'il obéît, qu'il appréciât, qu'il unît, qu'il niât, qu'il offrît, qu'il découvrît, qu'il recueillît, qu'il salît, qu'il salât, qu'il demeurât, qu'il fuît.

27e EXERCICE. (*Idem.*)

53.—Il l'admire, elle les voit, on leur dit la vérité, il l'adore, elle dort paisiblement, on le suit, il s'égare, elle s'étourdit, on s'estropie, il se rassasie, elle se récrée, on les agrée, il confit des fruits, elle vous confie son secret, on vient la voir, il s'en souvient, elle les prie de venir, on s'entoure de ses amis, il les défie de venir, elle bout d'impatience, on leur jure de les suivre, il lit avec attention, elle se lie avec lui, on se sacrifie pour eux, il court avec elle, elle les offre, on l'accueille, il ne le peut, elle ne le veut pas.

On le veut bien, mais on ne le peut pas. Il pleure, il crie, parce qu'il souffre beaucoup. Elle se sert de ses joujous, et elle les serre. On rit et l'on pleure souvent. Il lit sa leçon, et il l'étudie. Quand elle fait des fautes, elle les avoue. Si l'on boit du café, on dort peu. Il prie Dieu, et le bénit. Elle ne fait pas toujours ce qu'elle veut. On sue dès que l'on court. Il joue, il lit et il écrit tour à tour. Elle étudie dans ses livres, et ne les déchire pas. On serre ces enfants dans ses bras; on leur sert de mère. Il meurt d'ennui quand il ne joue ni n'étudie.

28e EXERCICE. (*Idem.*)

54. — Il sort, elle part, on les connaît, il ne ment jamais, elle l'interrompt, on peint, il ne craint nullement, elle le fait sciemment, on les met ensemble, il les attend, elle s'assied, on les convainc, il se repent, elle la plaint, on les rejoint, il ne se résout que difficilement, elle se joint volontiers à eux, on ne l'attend pas plus tôt. Il te le promet maintenant.

Elle étudie ce qu'elle écrit, et elle l'apprend ensuite par cœur. On va où l'on veut. Il fait d'ordinaire ce qu'il veut. Si elle vaut mieux que lui, elle ne s'en prévaut pas. Quand on l'interrompt, on sent qu'on a tort. Il rougit aussitôt qu'il ment; il vainc cependant sa timidité, et ne craint pas de parler. Elle prend bientôt son parti, elle se résout. Elle peint, elle colorie mieux qu'elle ne dessine. On part, et l'on revient aussitôt. Il se pare le dimanche, et il sort ordinairement. Elle s'assied, et se met à son aise. On connaît cette personne, et on la voit souvent. Il ne comprend rien à ce qu'il étudie. Elle ne se lie jamais avec les menteurs, parce qu'elle s'en défie. On soupire, on étend les bras, et l'on s'endort. Il s'abstient prudemment des obligations dont il craint les suites. Elle vend les tableaux qu'elle peint.

29e EXERCICE. (*Idem.*)

55. — Il jouera, hier il joua, il se promena, demain il ira vous voir, il faut qu'il meure, il faudrait qu'il partît, il ne faut pas qu'il rie, on voudrait qu'il vînt, hier il le vit, et lui parla; il ferait tout ce qu'il voudrait; quand il était à la campagne, il se promenait souvent; il se vêt chaudement, il met deux vêtements, il essaie ce qu'il veut faire. Dès qu'il le vit, il l'appela. Il lui dira de venir. Hier il lui parla. Il riait et il pleurait. Il vous écrira. Il perdrait beaucoup. Il tint sa parole. Il sentait des maux qu'il n'osait avouer. Il fait tout ce qu'il peut. Il sait ce qu'il vaut. On ne veut pas qu'il coure. Il reviendra bientôt. Il viendrait vous voir. Il ne faut pas qu'il rie. Il choisira ce qu'il voudra. Il vous promet de se bien conduire. Il voudrait que tu l'avertisses. Il faudrait qu'il travaillât mieux. Il désire qu'il meure. Il se trouverait heureux, s'il était auprès d'elle.

Pluriel des adjectifs.

30e EXERCICE. *Récapitulation.* (nos 241 à 245, 276 à 278.)

56. — Il fera toutes les choses que je lui prescrirai. On lit de bons livres, on les étudie. On parcourt avec plaisir les prairies émaillées de fleurs. On craint plus que l'on n'aime les maîtres trop sévères. Il faut qu'il parcoure ces

beaux lieux; Je voudrais qu'il fît toutes ses études, et qu'il devînt un des meilleurs avocats.

Les trois personnes du singulier.

31e EXERCICE. (nos 261 à 278.)

57. — Je me résous à rester où je demeure. Tu oublies ce que tu apprends. Je me sens mieux quand je m'assieds. Sors, et va où tu voudras. On s'enroue quand on crie. Tiens ce que tu promets. Ma sœur peint des fleurs, joue du piano, copie de la musique. Je m'astreins à tout ce que tu veux. Chacun se plaît à faire ce que tu désires. Je ne veux pas qu'il rie ainsi. Je voudrais que chacun le secourût. Je vois ce qu'il est nécessaire que je voie. On craint qu'il ne meure. Il tint la parole qu'il donna. Il me reçut le mieux qu'il put, et je l'en remerciai. On fait des baux, et on les résilie. Il entreprend plus qu'il ne peut.

32e EXERCICE. *Récapitulation.*

58. — Le méchant qui ourdit la perte d'un homme prépare souvent la sienne. Abstiens-toi des gains injustes; de tels profits sont des pertes. Apprends à te conformer aux circonstances, et ne souffle pas contre le vent. Il faut que tu coupes le mal dans sa racine, et que tu guérisses la plaie avant qu'elle ne soit envenimée. Paye ta vie par tes travaux, le paresseux fait un vol à la société. Respecte les cheveux blancs, cède ta place à la vieillesse. On ploie les genoux sous de lourds fardeaux. Défie-toi des flatteurs. Ne suis pas de tels conseils. Je me pare de mes

plus beaux vêtements. Je pars à la première occasion. Tu étudieras ce que je te donnerai. Acquiers ces vertus auxquelles tu devras ton bonheur. Corrige avec soin tes écrits, si tu veux qu'on les lise plusieurs fois.

Première personne du pluriel.

34e EXERCICE (n°s 278 à 281.)

60. — Nous voulons, nous courons, nous bourrons, nous choisissons, nous aventurons, nous dormons, nous avouons, nous venons, nous serrons, nous servons, nous parions, nous valons, nous buvons, nous rions, nous envions, nous voyons, nous savons, nous dorons, nous prions, nous nous prévalons, nous châtions, nous obéissons, nous apprécions, nous unissons, nous nions, nous offrons, nous découvrons, nous recueillons, nous salissons, nous salons, nous demeurons, nous fuyons.

Nous voulions, nous courions, nous bourrions, nous choisissions, nous aventurions, nous dormions, nous avouions, nous venions, nous serrions, nous servions, nous pariions, nous valions, nous buvions, nous riions, nous enviions, nous voyions, nous savions, nous dorions, nous priions, nous nous prévalions, nous châtiions, nous obéissions, nous appréciions, nous unissions, nous niions, nous offrions, nous découvrions, nous recueillions, nous salissions, nous salions, nous demeurions, nous fuyions.

Nous voulûmes, nous courûmes, nous bourrâmes, nous choisîmes, nous aventurâmes, nous dormîmes, nous avouâmes, nous vînmes, nous serrâmes, nous servîmes, nous pariâmes, nous valûmes, nous bûmes, nous rîmes, nous enviâmes, nous vîmes, nous sûmes, nous dorâmes, nous priâmes, nous nous prévalûmes, nous châtiâmes, nous obéîmes, nous appréciâmes, nous unîmes, nous niâmes, nous offrîmes, nous découvrîmes, nous recueillîmes, nous salîmes, nous salâmes, nous demeurâmes, nous fuîmes.

Nous voudrons, nous courrons, nous bourrerons, nous choisirons, nous aventurerons, nous dormirons, nous avouerons, nous viendrons, nous serrerons, nous servirons, nous parierons, nous vaudrons, nous boirons, nous rirons, nous envierons, nous verrons, nous saurons, nous dorerons, nous prierons, nous nous prévaudrons, nous châtierons, nous obéirons, nous apprécierons, nous unirons, nous nierons, nous offrirons, nous découvrirons, nous recueillerons, nous salirons, nous salerons, nous demeurerons, nous fuirons.

Nous voudrions, nous courrions, nous bourrerions, nous choisirions, nous aventurerions, nous dormirions, nous avouerions, nous viendrions, nous serrerions, nous servirions, nous parierions, nous vaudrions, nous boirions, nous ririons, nous envierions, nous verrions, nous saurions, nous dorerions, nous prierions, nous nous prévaudrions, nous châtierions, nous obéirions, nous apprécierions, nous unirions, nous nierions, nous offririons, nous découvririons, nous recueillerions, nous salirions, nous salerions, nous demeurerions, nous fuirions.

Voulons, courons, bourrons, choisissons, aventurons, dormons, avouons, venons, serrons, servons, parions, valons, buvons, rions, envions, voyons, sachons, dorons, prions, prévalons-nous, châtions, obéissons, apprécions, unissons, nions, offrons, découvrons, recueillons, salissons, salons, demeurons, fuyons.

Que nous voulions, que nous courions, que nous bourrions, que nous choisissions, que nous aventurions, que nous dormions, que nous avouions, que nous venions, que nous servions, que nous pariions, que nous valions, que nous buvions, que nous riions, que nous enviions, que nous voyions, que nous sachions, que nous dorions, que nous priions, que nous prévalions, que nous châtiions, que nous obéissions, que nous appréciions, que nous unissions, que nous niions, que nous offrions, que nous découvrions, que nous recueillions, que nous salissions, que nous salions, que nous demeurions, que nous fuyions.

35e EXERCICE. (*Idem.*)

61. — Nous l'admirons, nous les voyons, nous leur disons la vérité, nous l'adorons, nous dormons paisiblement, nous le suivons, nous nous égarons, nous nous étourdissons, nous nous estropions, nous nous rassasions, nous nous récréons, nous les agréons, nous confisons des fruits, nous vous confions notre secret, nous venons la voir, nous nous en souvenons, nous les prions de venir, nous nous entourons de nos amis, nous les défions de venir, nous bouillons d'impatience, nous leur jurons de les suivre, nous lisons avec attention, nous nous lions avec lui, nous nous sacrifions pour eux, nous courons avec elle, nous les offrons, nous l'accueillons, nous ne le pouvons, nous ne le voulons pas.

Nous le voulons bien, mais nous ne le pouvons pas. Nous pleurons, nous crions, parce que nous souffrons beaucoup. Nous nous servons de nos joujous, et nous les serrons. Nous rions et nous pleurons souvent. Nous lisons nos leçons, et nous les étudions. Quand nous fesons des fautes, nous les avouons. Si nous buvons du café, nous dormons peu. Nous prions Dieu, et le bénissons. Nous ne fesons pas toujours ce que nous voulons. Nous suons dès que nous courons. Nous jouons, nous lisons, et nous écrivons tour à tour. Nous étudions dans nos livres, et ne les déchirons pas. Nous serrons ces enfants dans nos bras; nous leur servons de pères. Nous mourons d'ennui quand nous ne jouons ni n'étudions.

36ᵉ EXERCICE. (*Idem.*)

62. — Il ne faut pas que nous babillions. Si nous ne travaillions pas, on nous punirait. Nous arrivâmes plus tôt que nous ne croyions. Tâchons de devenir meilleurs. Nous parvînmes à ce que nous voulûmes. Ne crains pas que nous nous ennuyions si nous sommes seuls. On craint que nous ne soyons fatigués. Ne perdons pas notre temps. Nous le quittâmes, et lui souhaitâmes un bon voyage. Il faut que nous payions nos dettes. Où étiez-vous? Nous étions dans le jardin, où nous étudiions nos leçons. On ne veut pas que nous nous tutoyions. Ne faut-il pas que nous remédiions à cela?

Deuxième personne du pluriel.

38ᵉ EXERCICE. (281 à 284.)

64. — Il ne faut pas que vous babilliez. Si vous ne travailliez pas, on vous punirait. Vous arrivâtes plus tôt que vous ne le croyiez. Tâchez de devenir meilleurs. Vous parvîntes à ce que vous voulûtes. Ne craignez pas que vous vous ennuyiez si vous êtes seuls. On craint que vous ne soyez fatigués. Ne perdez pas votre temps. Vous le

quittâtes, et lui souhaitâtes un bon voyage. Il faut que vous payiez vos dettes. Où étiez-vous ? Vous étiez dans le jardin, où vous étudiiez vos leçons. On ne veut pas que vous vous tutoyiez. Ne faut-il pas que vous remédiiez à cela ?

39ᵉ EXERCICE. (*Idem.*)

65. — Quand vous faites des dettes, il faut que vous les payiez. Je crains que vous n'employiez mal votre temps. Dites toujours la vérité, et l'on vous croira. Quand vous écrivez, il ne faut pas que vous appuyiez. Vous choisîtes ce que vous voulûtes. Vous convîntes de vous y conformer. Si vous désirez de réussir, il faut que vous travailliez avec ardeur. Quand vous étiez à la campagne, vous jouiez plus souvent que vous ne travailliez. Agissez de manière que vous n'ayez rien à vous reprocher. Si vous voulez que Dieu vous accorde ce que vous lui demandez, il faut que vous le priiez avec ferveur.

Troisième personne du pluriel.

41ᵉ EXERCICE. (nº 284.)

67. — Les chiens aboient, les loups hurlent, les eaux coulent, les oiseaux voltigent, les hiboux se cachent dans des trous. Les feux s'allumaient. Ces verrous se rouilleront. Les enfants brisent leurs joujous. Je voudrais que ces locaux fussent vacants. Mes frères viendraient me voir, s'ils me savaient malade. Que demandaient ces hommes? Ces soupiraux étaient ouverts. Ces attirails me déplaisaient. De longs travaux avaient altéré sa santé. De su-

perbes taureaux paissaient dans cette prairie. Que veulent ces enfants? Ces lieux m'enchantaient; ils me rappelaient de si doux souvenirs! Les bijous plaisent aux yeux. Les arsenaux se remplissent d'armes. Ces détails nous ennuient. Les chevaux portent des fardeaux.

Récapitulation des trois personnes du pluriel.

42ᵉ EXERCICE.

68. — Suivons les bons conseils que nous donnent nos parents. Comment étudiiez-vous les leçons que vous donnaient vos maîtres? Nous les étudiions avec soin. Nous vîmes de très-beaux tableaux, qui nous firent beaucoup de plaisir. Il ne faut pas que nous riions devant ceux qui pleurent. Que deviendront ces enfants si vous les renvoyez. Vous ne répondîtes pas aux lettres que vous écrivirent vos amis, qui en furent mécontents, et qui s'en plaignirent.

Mode interrogatif.

44ᵉ EXERCICE. (nᵒˢ 285 à 289.)

70. — Les soulagera-t-on? Que paries-tu? A quoi te résous-tu? Que feras-tu? Te manque-t-il quelque chose? Que deviendrais-je, si l'on m'abandonnait? Travaillai-je bien hier? Que voudrais-tu? Ne peux-tu le faire? Comment se porte-t-il? Ne fîmes-nous pas ce que nous devions? Pourquoi vous plaignez-vous? Que ne vous plaignîtes-vous? Pourquoi me fuis-tu? Sur quoi t'appuies-tu? Quand sortira-t-il?

Récapitulation du genre et du nombre dans les adjectifs.

45e EXERCICE. (Voy. p. 77.)

Sur les verbes ÊTRE *et* AVOIR.

71. — Tu es bien fatiguée, ma sœur, qu'as-tu fait? N'êtes-vous pas tous contents? J'eus une cruelle maladie, dont j'ai été long-temps bien affaibli. Qu'avaient ces enfants qui étaient affligés? Nous eûmes de la pluie, et nous fûmes beaucoup mouillés. Seras-tu discrète, Henriette? Nous aurons une bonne occasion de vous être utiles. Je voudrais qu'elle fût muette. Aie de la patience, et tu seras sûr de réussir. Mesdames, ne soyez pas inquiètes. Il faudrait qu'elle fût bien sotte, ou bien folle. Je n'aurais nulle envie de le voir. Soyons en garde contre la molle oisiveté. Ce seraient mes seules occupations. Ma fille, ne sois jamais ingrate. Je veux que tu aies une meilleure opinion de moi. Je doute qu'elle ait une voix enchanteresse. Je crains que cette jeune fille ne soit menteuse. Les réponses des oracles étaient ambiguës. Ces gens seraient moins brutaux. Si nos repas étaient frugaux, ils n'en seraient que meilleurs. Je craindrais que ces délais ne me fussent fatals.

Verbes irréguliers de la première conjugaison.

46e EXERCICE. (nos 299 à 305.)

72. — Soulageons les malheureux. Il se vengea en pardonnant. Ce qui m'affligeait le plus, c'était de les voir

partir. Nous nous dédommageâmes. Sa figure s'allongea. Pourquoi ne vous corrigiez-vous pas? Ne forçons pas notre talent. Je m'efforçai de leur plaire. Ce qu'on nous annonça se réalisa. Que Dieu exauce vos vœux! Comment les remplaçâtes-vous? Ne me force pas à te punir. Il dérangeait ce que je plaçais près de lui. Acquiesças-tu à sa demande? Qu'achèteras-tu? Achète ce que tu désires. Époussette ces meubles. Rejetons de telles offres. On les appelle. Ne m'appelez-vous pas? Il gèlera demain. Il faut que tu étiquettes ces flacons.

---

73. — Changer : 1, 4. nous changeons; 1, 6. ils changent; 2, 1. je changeais; 2, 6. ils changeaient; 3, 4. nous changeâmes; 3, 5. vous changeâtes, 2, 4. nous changions 11, 4. changeons; 12, 4. que nous changions; 13, 2. que tu changeasses; 13, 3. qu'il changeât. — Commencer : 1, 2. tu commences; 2, 3. il commençait; 2, 6. ils commençaient; 3, 5. vous commençâtes; 3, 2. tu commenças; 13, 3. qu'il commençât; 13, 6. qu'ils commençassent; 13, 2. que tu commençasses; 11, 4. commençons; 11, 5. commencez. — Ficeler : 1, 2. tu ficelles; 1, 6. ils ficellent; 1, 5. vous ficelez; 2, 4. nous ficelions; 3, 4. nous ficelâmes; 7, 1. je ficellerai; 7, 6. ils ficelleront; 9, 4. nous ficellerions; 12, 3. qu'il ficelle. — Harceler : 1, 3. il harcèle; 1, 6. ils harcèlent; 1, 4. nous harcelons; 2, 1. je harcelais; 2, 6. ils harcelaient; 3, 3. il harcela; 7, 6. ils harcèleront; 9, 4. nous harcèlerions.

47ᵉ EXERCICE. (Voy. p. 95.)

74. — Il faut que tu cèdes. Répète ce que tu as dit. Je ne m'en inquièterai nullement. Ce que vous célez se révèlera. Révère ton père. Cette fête se célèbrera long-temps. Il régna avec gloire. Où me mèneras-tu ? Promène-toi où tu voudras. Celui qui s'élèvera sera abaissé. Quand tu parles, tu sèmes; quand tu écoutes, tu recueilles. On nettoie les étoffes, on les reteint. Je crains qu'on n'essuie de grandes pertes. N'appuie pas quand tu écris. Les genoux ploient sous de lourds fardeaux. Nous nous ennuierions trop si nous étions seuls. Cet enfant bégaye. Qui paye ses dettes s'enrichit. On les rayera. Je doute que vous employiez bien votre temps. On les renverra s'ils se conduisent mal. Je vous enverrai chercher.

---

75. — Compléter : 1, 2. tu complètes; 1, 6. ils complètent; 2, 4. nous complétions; 2, 6. ils complétaient; 3, 1. je complétai; 7, 2. tu complèteras; 7, 6. ils complèteront; 9, 3. il complèterait; 9, 5. vous complèteriez; 12, 3. qu'il complète. — Semer : 1, 1. je sème; 1, 3. il sème; 2, 2. tu semais; 2, 5. vous semiez; 3, 5. vous semâtes; 7, 2. tu sèmeras; 7, 6. ils sèmeront; 9, 4. nous sèmerions; 12, 6. qu'ils sèment; 13, 3. qu'il semât. — Noyer : 1, 1. je noie; 1, 6. ils noient; 2, 4. nous noyions; 2, 5. vous noyiez; 3, 4. nous noyâmes; 3, 6. ils noyèrent; 7, 1. je noierai; 7, 6. ils noieront; 9, 3. il noierait; 9, 6. ils noieraient. — Essayer; 1, 3. il essaye; 1, 6. ils essayent; 2, 5. vous essayiez; 2, 6. ils essayaient; 7, 6. ils essaieront; 7, 1. j'es-

saierai ; 9, 2. tu essaierais ; 9, 4. nous essaierions ; 12, 2. que tu essayes; 12, 5. que vous essayiez. — Payer : 1, 1. je paye; 1. 2. tu payes; 1, 6. ils payent; 2, 4. nous payions; 7, 4. nous paierons; 9, 3. il paierait; 12, 2. que tu payes; 12, 4. que nous payions; 12, 5. que vous payiez.

Verbes irréguliers de la deuxième conjugaison.

48e EXERCICE. (nos 305 à 309.)

76. — Ne mens pas. Quand pars-tu? Je m'en repens. Je sors souvent. Que sens-tu? On répartit les contributions. Ouvre ta bourse au pauvre. Il faut que tu cueilles des fleurs, et que tu les offres à ces dames. Ses yeux saillent; c'est qu'il est myope. Le sang saillira. Ce balcon saillera trop. L'ennemi nous assaillirait. Je tressaillirai. Il faut que tu viennes. Il faudrait que tu vinsses, qu'il vînt. Les honnêtes gens tiennent ce qu'ils promettent. Je voudrais que tu me tinsses parole. Ces livres m'appartiennent, et je vous les céderai. Je mourrai content. Je serais désolée qu'il mourût. Acquiers des vertus, et tu ne mourras point tout entier. Il faut que tu acquières des talents. J'en acquerrai. Il faut que nous acquérions des connaissances. Je doute qu'il en acquière. Il faut que tu fuies les flatteurs. On a béni les drapeaux. Le buis bénit se distribue le dimanche des rameaux. Que Dieu soit béni ! Je doute que tu coures plus vite que moi. Ils courront après nous. Je faillis de me tuer. Mes forces défaillent chaque jour. On les craint, on les hait. Les premiers hommes se vêtirent de peaux de bêtes. L'hiver je me vêts chaudement.

77. — Mentir : 1, 2. tu mens ; 1, 1. je mens. — Consentir : 1, 1. je consens; 1, 2. tu consens.—Sortir : 1, 1. je sors. — Couvrir : 1, 2. tu couvres. — Souffrir : 11, 2. souffre. — Saillir (jaillir) : 1, 6. ils saillissent; 2, 6. ils saillissaient; 7, 3. il saillira.— Saillir (s'avancer) : 1, 3. il saille; 2, 3. il saillait; 7, 6. ils sailleront.— Assaillir : 1, 3. il assaille; 1, 6. ils assaillent; 2, 6. ils assaillaient; 7, 6. ils assailliront. — Parvenir : 1, 6. ils parviennent; 12, 3. qu'il parvienne; 12, 2. que tu parviennes; 13, 6. qu'ils parvinssent.— Soutenir : 12, 2. que tu soutiennes; 12, 6. qu'ils soutiennent. — Mourir : 7, 2. tu mourras; 7, 5. vous mourrez; 9, 3. il mourrait; 9, 6. ils mourraient. —Acquérir : 1, 11. j'acquiers; 1, 3. il acquiert; 1, 4. nous acquérons; 1, 6. ils acquièrent. — Fuir : 1, 6. ils fuient; 12, 2. que tu fuies; 12, 5. que vous fuyiez. — Courir : 1, 3. il court; 7, 5. vous courrez; 7, 6. ils courront; 9, 1. je courrais; 12, 1. que je coure. — Haïr : 1, 1. je hais; 1, 2. tu hais; 1, 3. il hait; 3, 4. nous haïmes; 3, 5. vous haïtes; 13, 3. qu'il haït. — Vêtir : 1, 1. je vêts; 1, 2. tu vêts; 1, 3. il vêt; 1. 6. ils vêtent; 2, 2. tu vêtais; 2, 5. vous vêtiez.

Verbes irréguliers de la troisième conjugaison.

49e EXERCICE. (Voy. p. 102.)

78. Je m'assiérais volontiers. Assieds-toi près de moi. Il faut que tu t'asseyes. Il faudrait que tu t'assisses. Si nous nous asseyions. La fortune décherra bientôt. J'ai dû

me taire. Je ne voudrais pas qu'on me dût autant. Ce billet échoit aujourd'hui ; je croyais qu'il écherrait demain. Plusieurs lots nous écherront. Je désirerais que ces billets échussent plus tôt. Je m'émeus facilement. Je crains qu'il ne s'émeuve trop. Je pourvoirai à mes besoins. Il faut que vous y pourvoyiez. Je n'y pourrai rien. Qu'y pourras-tu faire? Nous ne pûmes y parvenir. Si tu as des talents, il ne faut pas que tu t'en prévales. Je reçus autant de choses que j'en voulus. Ne recevrai-je pas de vos nouvelles? Je souhaiterais que tu reçusses plusieurs prix. On les aperçoit. Je sais ce que tu vaux. Si peu que nous valions, nous valons quelque chose. Savez-vous ce que nous verrons? On surseoira à l'exécution. Ces couleurs ne vous siéent pas. Cela ne vaudra plus rien. Veux-tu me répondre.

---

79. — S'asseoir : 1, 1. je m'assieds; 2, 5. vous vous asseyiez; 3, 4. nous nous assîmes; 7, 6. ils s'assiéront; 9, 5. vous vous assiériez; 12, 4. que nous nous asseyions. — Déchoir; 1, 3. il déchoit; 2, 6. (rien); 3, 6. ils déchurent; 7, 4. nous décherrons; 13, 2. que tu déchusses. — Devoir : 2, 6. ils devaient; 1, 6. ils doivent; 7 2. tu devras; 3, 4. nous dûmes; 9, 4. nous devrions; 12, 4. que nous devions; 13, 2. que tu dusses. — Échoir : 7, 6. ils écherront; 9, 3. il écherrait; 13, 3. qu'il échût. — Falloir : 2, 3. il fallait; 7, 3. il faudra; 13, 3. qu'il fallût. — Mouvoir; 1, 2. tu meus; 2, 6. ils mouvaient; 3, 3. il mut; 7, 6. ils mouvront ; 12, 4. que nous mouvions; 13. 2. que tu musses. — Pouvoir; 7, 6. ils pourront; 13, 3, qu'il pût. — Recevoir; 7, 2. tu recevras; 13, 2. que tu reçusses. — Savoir : 11, 2. sache; 12, 2. que tu saches; 7, 6. ils sauront. — Seoir.

1, 3. il sied; 2, 3. il seyait; 9, 3. il siérait.—Valoir : 7, 6. ils vaudront; 13, 3, qu'il valût. — Voir : 13, 2. que tu visses; 7, 5. vous verrez; 12, 4. que nous voyions; 2, 5. vous voyiez.

Verbes irréguliers de la quatrième conjugaison.

50e EXERCICE. (Voy. p. 104.) (310.)

80. — Le prêtre nous absout. Le sel se dissolvait lentement. Je vous absoudrai. J'ai résolu plusieurs questions. Le soleil a résous le brouillard en pluie. Pourquoi me bats-tu ? Ils nous battront. Je craignais qu'on ne me battît. Ils se battirent en désespérés. Les ânes brayent, brayaient. 3 (rien). Les flots bruyent. Les feuilles bruissent. Dors, mon enfant, clos ta paupière. On clôt ce champ. Il faut bien qu'on le close. J'ai exclus cet homme de ma maison. Je voudrais que tu te conduisisses mieux. Connais-toi toi-même. J'avais peur qu'on ne me reconnût. Que couds-tu là ? Je coudrais mieux si j'y mettais plus de temps. Vous ne croyiez pas que je cousisse aussi bien. Vous craigniez donc que je ne vous crusse pas. Je crains qu'on ne me croie pas. L'arbre croît et meurt. Ses richesses s'accrurent, et se dissipèrent avec la même rapidité. Dites-vous la vérité ? Je serais désolé que vous ne la disiez pas. Dites ce que vous ferez. Vous vous dédirez. Pourquoi vous contredisez-vous ? Si vous médisez souvent, vous calomnierez bientôt. Quel évènement vous prédisez ! dédisez-vous si vous voulez. Ne médisez de personne.

---

81. — *Absoudre* : 1, 1. j'absous; 1, 3. il absout; 1, 6.

ils absolvent; 2, 3. il absolvait; 3, 1. (rien); 13, 1. (rien); 7, 4. nous absoudrons; 9, 6 ils absoudraient; 4, 1. j'ai absous. — Battre : 1, 1. je bats; 1, 5. vous battez; 2, 2. tu battais; 2, 6. ils battaient; 3, 1. je battis; 3, 4. nous battîmes; 4, 3. il a battu; 7, 1. je battrai; 7, 6. ils battront; 9, 4. nous battrions. — Boire : 1, 4. nous buvons; 1, 6. ils boivent; 2, 2. tu buvais; 2, 6. ils buvaient; 3, 2. tu bus; 3, 5. vous bûtes; 4, 2. tu as bu; 7, 2. tu boiras; 7, 5. vous boirez; 11, 1. (rien); 11, 2. bois; 12, 2. que tu boives; 13, 3. qu'il bût. — Braire : 1, 3. il brait; 1, 6. ils brayent; 2, 3. il brayait; 1, 2. (rien); 1, 3. il brait; 3, 4. (rien); 7, 2. (rien); 12, 2. (rien). — Conduire : 1, 3. il conduit; 2, 6. ils conduisaient; 3, 5. vous conduisîtes; 4, 2. tu as conduit; 7, 6. ils conduiront; 9, 3. il conduirait. — Confire : 1, 3. il confit; 1, 6. ils confisent; 2, 2. tu confisais; 3, 4. nous confîmes; 4, 6. ils ont confit; 11, 4. confisons; 12, 2. que tu confises; 13, 4. que nous confisions. — Connaître; 1, 3. il connaît; 1, 2. tu connais; 1, 5. vous connaissez; 1, 6. ils connaissent; 2, 3. il connaissait; 3, 4, nous connûmes; 3, 6. ils connurent. 7, 2. tu connaîtras; 7, 6. ils connaîtront; 9, 5. vous connaîtriez; 11, 5. connaissez; 12, 2. que tu connaisses; 13, 3. qu'il connût. — Coudre : 1, 1. je couds; 1, 3. il coud; 1, 6. ils cousent; 2, 1. je cousais; 2, 5. vous cousiez; 3, 2. tu cousis; 3, 4. nous cousîmes; 3, 6. ils cousirent; 4, 5. vous avez cousu; 4, 6. ils ont cousu; 7, 1. je coudrai; 7, 5. vous coudrez; 7, 6. ils coudront; 9, 1. je coudrais; 9, 3. il coudrait; 11, 2. cousez; 12, 2. que tu couses; 12, 4. que nous cousions; 13, 2, que tu cousisses; 13, 3. qu'il cousît; 13, 6. qu'ils cousissent. — Croire : 1, 3. il croit; 1, 5. vous croyez; 1, 6. ils croient: 2, 3. il croyait; 2, 4. nous croyions; 2, 5. vous croyiez; 3, 2. tu crus; 3, 4. nous crûmes; 3, 5. vous crûtes; 4, 4. nous avons cru; 4, 3. il a cru; 7, 2. tu croiras; 7, 6. ils croiront; 9, 6. ils croiraient; 11, 2. crois; 13, 2. que tu crusses; 13, 3. qu'il crût; 13, 6. qu'ils crussent; 12, 2. que tu croies; 12, 3. qu'il croie; 12, 6. qu'ils croient. — Croître : 1, 3. il croît; 1, 6. ils croissent; 2, 6. ils croissaient; 3, 3. il crût; 3, 2. tu crûs; 3. 4. nous crûmes; 3, 6. ils crûrent; 4, 2. tu as crû; 13, 3. qu'il crût.— Dire : 1, 5. vous dites; 2, 6. ils disaient; 3, 5. vous dîtes; 4, 6. ils ont dit; 11, 5. dites; 13, 2. que tu disses; 13, 3. qu'il dît.

51e EXERCICE.

82. — Le sel se dissout. On dissoudra ce mariage. On a dissous cette société. Je vous écrirai. Je voudrais que tu écrivisses mieux. Il faudrait qu'on l'exclût. Nous fesons ce que nous voulons. Vous ne faites pas aujourd'hui ce que vous fîtes hier. Il faudrait que tu lusses plus souvent. Je vous le promets. Ils nous le promettront. Je ne vous permettrai pas de sortir. Le blé se moud. Le blé et le café se moulent. On ne moulut rien la semaine dernière. On l'a moulu de coups. Quand cet enfant naquit-il? D'un mal naît quelquefois un bien. Il me nuisit. Je craindrais qu'il ne me nuisît. Je ne vous nuirai jamais. Ils me nuisirent. Ils nous ont nui. Il se repaît d'une vaine espérance. Il disparut dès que j'entrai. Il paraît que vous faites plus que vous ne promettez. Je serais fâché que tu y parusses. Ce que tu peins me plaît. Je désirerais que tu peignisses plus souvent. N'entreprends rien au-dessus de ce que tu peux. Je doute que tu le comprennes. Si tu n'étudies pas, tu désapprendras. Il ne faut pas que tu ries. Il faudrait que cela vous suffît. Chacun se tut. Je crain-

drais que tu ne te tusses pas. Ce discours me convainc. Rien ne le convainquait. Vainquons nos mauvaises habitudes. Alexandre vainquit les Perses. Il fallait qu'il vécût plus long-temps. Par leurs bienfaits, ils vivront dans la société.

---

83. — Dissoudre : 1. 2. tu dissous; 1, 6. ils dissolvent; 1, 3. il dissout; 2, 3. il dissolvait; 3, 4. (rien); 13, 1. (rien); 7, 6. ils dissoudront. — Écrire : 3, 3. il écrivit; 13, 3. qu'il écrivît; 13, 2. que tu écrivisses; 12, 2. que tu écrives; 7, 2. tu écriras; 9, 6. ils écriraient; 4, 6. ils ont écrit. — Exclure : 13, 6. qu'ils exclussent; 12, 3. qu'il exclue; 13, 3. qu'il exclût; 12, 4. que nous excluions; 13, 4. que nous exclusions 4, 1. j'ai exclu. — Faire : 1, 3. il fait; 1, 4. nous fesons; 1, 5. vous faites; 2, 6. ils fesaient; 3, 5. vous fîtes; 3, 6. ils firent; 4, 2. tu as fait; 7, 2. tu feras; 9, 4. nous fèrions; 11, 4. fesons; 11, 5. faites; 12, 2. que tu fasses; 13, 3. qu'il fît; 13, 6. qu'ils fissent. — Feindre : 1, 2. tu feins; 1, 6. ils feignent; 2, 5. vous feignez; 3, 2. tu feignis; 3, 4. nous feignîmes; 12, 2. que tu feignes; 12, 4. que nous feignions; 13, 3. qu'il feignît; 13, 2. que tu feignisses; 4, 2. tu as feint; 4, 6. ils ont feint. — Frire : 1, 3. il frit; 1, 6. ils font frire; 7, 2. tu friras; 9, 6. ils friraient; 11, 2. fris; 11, 4. fesons frire. — Lire, 7, 2. tu liras; 9, 5. vous liriez; 13, 3. qu'il lût; 13, 6. qu'ils lussent; 3, 4. nous lûmes; 4, 5. vous avez lu. — Luire : 1, 3. il luit; 1, 6. ils luisent; 2, 3. il luisait; 7, 6. ils luiront. — Mettre : 3, 4. nous mîmes; 7, 5. vous mettrez; 9, 6. ils mettraient; 13, 2. que tu misses; 1, 4. nous mettons; 4, 4. nous avons mis. — Moudre : 1, 2. tu mouds; 1, 3. il moud; 1, 6. ils moulent; 2, 1. je moulais; 12, 2. que tu moules; 11, 2. mouds;

7, 2. tu moudras; 9, 4. nous moudrions; 13, 2. que tu moulusses; 13, 6. qu'ils moulussent; 4, 6. ils ont moulu. — Naître : 1, 2. tu nais; 1, 3. il naît; 1, 6. ils naissent; 2, 6. ils naissaient; 3, 3. il naquit; 4, 6. ils sont nés; 7, 6. ils naîtront; 9, 3. il naîtrait; 12, 3. qu'il naisse; 13, 2. que tu naquisses; 13, 3. qu'il naquît. — Nuire : 1, 1. je nuis; 1, 3. il nuit; 1, 5. vous nuisez; 2, 6. ils nuisaient; 3, 3. il nuisit; 3, 6. ils nuisirent; 4, 6. ils ont nui; 4, 2. tu as nui; 7, 1. je nuirai; 9, 3. il nuirait; 12, 2. que tu nuises; 13, 2. que tu nuisisses; 13, 3. qu'il nuisît. — Paître : 1, 3. il paît; 1, 6. ils paissent; 2, 6. ils paissaient; 3, 3. (rien); 13, 1. (rien); 7, 3. il paîtra. — Paraître : 1, 2. tu parais; 1, 3. il paraît; 1, 6. ils paraissent; 2, 3. il paraissait; 3, 6. ils parurent; 3, 5. vous parûtes; 4, 4. nous avons paru; 11, 5. paraissez; 12, 2. que tu paraisses; 13, 2. que tu parusses; 13, 3. qu'il parût.

---

84. — Peindre : 1, 1. je peins; 1, 3. il peint; 1, 6. ils peignent; 2, 5. vous peigniez; 2, 4. nous peignions; 3, 1. je peignis; 3. 4. nous peignîmes; 4, 3. j'ai peint; 4, 2. tu as peint; 7, 3. il peindra; 7, 2, tu peindras; 7, 6. ils peindront; 9, 1. je peindrais; 11, 4. peignons; 12, 2. que tu peignes; 12, 4. que nous peignions; 13, 3. qu'il peignît; 13, 5. que vous peignissiez. — Plaire : 1, 3. il plaît; 1, 6. ils plaisent; 2, 6. ils plaisaient; 3, 4. nous plûmes; 4, 6. ils ont plu; 7, 2. tu plairas; 9, 5. vous plairiez; 11, 4. plaisons; 12, 2. que tu plaises; 13, 3. qu'il plût; 13, 4. que nous plussions. — Prendre : 1, 2. tu prends; 2, 1. je prenais: 1, 6. ils prennent; 2, 4. nous prenions; 3, 1. je pris; 3, 3. il prit; 3, 5, vous prîtes; 4, 2. tu as pris; 7, 5.

vous prendrez; 9, 5. vous prendriez; 11, 5. prenez; 11, 2. prends; 12, 2, que tu prennes; 13, 2. que tu prisses. — Résoudre : 1, 2. tu résous; 1, 3. il résout; 1, 5. vous résolvez; 1, 6. ils résolvent; 2, 3. il résolvait; 3, 3. il résolut; 3, 4. nous résolûmes; 4, 6. ils ont résolu; 7, 1. je résoudrai; 7, 2. tu résoudras; 7, 6, ils résoudront; 9, 3. il résoudrait; 9, 4. nous résoudrions; 11, 5. résolvez; 12, 2. que tu résolves; 13, 2. que tu résolusses. — Rire : 1, 2. tu ris; 1, 6. ils rient; 2, 4. nous riions; 2, 5. vous riiez; 3, 4. nous rîmes; 3, 5. vous rîtes; 4, 2. tu as ri; 4, 3. il a ri; 7, 2. tu riras; 7, 6. ils riront; 9, 4. nous ririons; 11, 2. ris; 12, 1. que je rie; 12, 2. que tu ries; 12, 4. que nous riions; 12, 5. que vous riiez; 13, 3. qu'il rît; 13, 2. que tu risses; 13, 4. que nous rissions. — Suffire : 1, 3. il suffit; 1, 6. ils suffisent; 2, 6. ils suffisaient; 3, 6. ils suffirent; 4, 4. nous avons suffi; 7, 6. ils suffiront; 9, 3. il suffirait; 12, 3. qu'il suffise; 13, 3. qu'il suffît. — Suivre: 13, 2. que tu suivisses; 4, 6. ils ont suivi; 7, 2. tu suivras; 12, 2. que tu suives.— Taire : 13, 6. qu'ils tussent; 3, 4. nous tûmes; 1, 6. ils taisent; 7, 2. tu tairas; 12, 2. que tu taises; 1, 4. nous taisons; 7, 4. nous tairons; 7, 6. ils tairont; 13, 3. qu'il tût; 3, 3. il tut. — Traire : 1, 1. je trais; 1, 3. il trait; 2. 3, il trayait; 13, 1. (rien); 7, 2. tu trairas; 12, 2. que tu trayes. — Vaincre : 1, 1. je vaincs; 1, 3. il vainc; 1, 4. nous vainquons; 1, 6. ils vainquent; 2, 1. je vainquais; 2, 6. ils vainquaient; 3, 2. tu vainquis; 4, 6. ils ont vaincu; 7, 2. tu vaincras; 9, 4, nous vaincrions. — Vivre : 1, 1. je vis; 1, 2. tu vis; 1, 6. ils vivent; 2, 3. il vivait; 3, 3. il vécut; 3, 5. vous vécûtes; 4, 2. tu as vécu; 7, 2. tu vivras; 7, 6. ils vivront; 9, 4. nous vivrions; 11, 5. vivez; 12, 2. que tu vives; 12, 6. qu'ils vivent; 13, 3. qu'il vécût; 13, 6. qu'ils vécussent.

CHAPITRE V.

DES INVARIABLES.

Formation des adverbes.

1er EXERCICE. (nos 311 et 312.)

85. — Récemment, méchamment, lentement, prudemment, présentement, éloquemment, véhémentement, joliment, élégamment, inutilement, conformément, impunément, précisément, doucement, naïvement, heureusement, gentiment, communément, grandement, obscurément, nouvellement, énormément, diffusément, aveuglément, bellement, profondément, rondement, faussement, également, complètement, nettement, bonnement, expressément, discrètement, patiemment, fièrement, supérieurement, sottement, dévotement, follement, fraîchement, mollement, malignement, sèchement, nullement, pareillement, secrètement, cruellement.

EXERCICES GÉNÉRAUX.

PREMIÈRE PARTIE.

1er EXERCICE.

87. — Ceux qui donnent des conseils sans les accompagner d'exemples ressemblent à ces poteaux de la campagne, qui indiquent les chemins sans les parcourir. Les talents sont innés; l'éducation les développe, les circonstances les mettent en jeu ou les rendent inutiles. Pense deux fois avant de parler une, et tu parleras beaucoup mieux. Quoi! nous aurions des yeux, et nous ne les ouvririons pas aux merveilles qui nous environnent de toutes parts! nous aurions des oreilles, et nous n'écouterions pas les hymnes que toute la nature adresse au Créateur! Passion sublime, sentiment des grandes âmes, bonheur du monde, devant lequel tous les maux disparaissent ou s'affaiblissent et tous les biens s'embellissent ou s'accroissent, ô divine amitié! ton nom seul me rappelle tous les charmes de ma vie.

2e EXERCICE.

88. — Je crains Dieu, disait un homme sensé, et après

lui, je ne crains que celui qui ne le craint pas. Ne faites ni ne dites jamais rien que vous ne vouliez que tout le monde voie et entende. Fuis comme la peste la molle oisiveté; si tu ne t'en rends maître, elle s'emparera de toi, et te perdra. Nous ne voudrions pas que l'air se corrompît, et que l'on nous privât de la lumière. Ne nous privons pas nous-mêmes des bienfaits du temps, qu'il faut que nous employions avec usure. Veux-tu maîtriser les tentations auxquelles tu te vois exposé; aie recours à deux moyens : le travail et la prière. L'activité paie les dettes, et le désespoir les augmente. Le maître mécontent de ses élèves, les punit par de longs pensums qui leur font perdre leur temps, et les dégoûtent de l'étude. Apprends à bien vivre, et tu sauras mourir. Les petits esprits triomphent des fautes des grands génies, comme les hiboux se réjouissent des taches du soleil. Les vrais amis attendent qu'on les appelle dans la prospérité; dans l'adversité, ils se présentent d'eux-mêmes. Presque tous ces plaisirs mondains sont faux et trompeurs. Chacun a ses peines et ses plaisirs.

3e EXERCICE.

89. — Le flatteur dit à la colère : Venge-toi; à la passion : Jouis; à la peur : Fuis; au soupçon : Crois tout. Les âges se renouvellent; la figure du monde passe sans cesse; les morts et les vivants se remplacent ou se succèdent continuellement; rien ne demeure, tout s'use, tout s'éteint; Dieu seul demeure toujours le même. Ne reprochez à personne sa mauvaise fortune, de peur que vous ne vous trouviez quelque jour dans le même cas. Tu parles mal des autres! tu ne crains donc pas le mal qu'ils di-

ront de toi? je ne voudrais pas qu'on sût ma pensée : ne la dites pas. Je ne voudrais pas qu'on sût ce que je suis tenté de faire. Ne le faites point. Abstiens-toi des gains injustes : de tels profits sont des pertes. Le méchant qui ourdit la perte d'un homme prépare souvent la sienne. Mangez, buvez, parlez avec mesure ; en tout évitez l'excès. La paix nourrit le cultivateur, même sur des rochers infertiles ; la guerre le détruit, même au milieu des plus riches campagnes. Non seulement le plaisir n'est pas de durée, mais encore il cause du dégoût, il affaiblit le corps, et abrutit l'esprit. Apprends à te conformer aux circonstances, et ne souffle pas contre le vent. Les méchants doivent être craints, lors même qu'ils semblent accorder des bienfaits. Aie en horreur le mensonge, même dans les jeux.

4e EXERCICE.

90. — Règle tes pensées à tel point que, si l'on venait à te demander à quoi tu penses, tu puisses répondre aussitôt : « Je pense à cela et à cela; » en sorte que par ta réponse, on voie que tu n'as dans ton âme rien que de bon et de convenable à un être qui doit vivre en société. Ne racontons jamais le bien que nous fesons : les bonnes actions doivent être muettes. Une tendre mère voit dans ses enfants ses joyaux les plus beaux, ses plus précieux bijous. Le mécontentement de soi-même ternit le plus beau teint, et altère les traits les plus délicats. Je sais! je sais! propos d'enfant, qui revient à ceci : J'ai de la vanité, donc je n'apprendrai rien.

5ᵉ EXERCICE.

91. — Avouons nos torts à ceux qui nous aiment : à la voix d'un bon père, la conscience reprend son empire, le cœur s'améliore, on se repent, et l'on se corrige. Tu veux qu'on te rende justice, sois juste. Oublie ce que tu as donné, souviens-toi de ce que tu as reçu. La reconnaissance vieillit promptement, et ne survit guère aux bienfaits. Tais-toi, ou dis quelque chose qui vaille mieux que ton silence. Si, dans les maux qui vous affligent, vous pensez aux motifs de consolation qu'ils vous offrent eux-mêmes, vous les supporterez avec moins de peine; mais, si vous ne leur opposez pas ce qui doit les adoucir, si vous ne vous occupez que de vos souffrances, vous ne verrez jamais aucun terme à vos douleurs. Ton corps souffre, appelle le médecin; ton âme est dans la langueur, fais approcher ton ami : la douce voix de l'amitié est le plus sûr remède contre l'affliction. Voulons-nous rendre persuasifs les bons avis que nous donnons, dépouillons-les d'orgueil, et imprégnons-les pour ainsi dire d'indulgence et de sympathie. Le moyen d'en éprouver l'efficacité, c'est d'en faire l'essai sur nous-mêmes : corrige-toi, semblera toujours dur; corrigeons-nous, est plus doux à l'oreille. La prière de l'innocence est la plus agréable à Dieu : gardons notre innocence, enfants : nos parents peuvent tomber malades.

6ᵉ EXERCICE.

92. — Le souvenir des bonnes actions embellit et parfume la vie comme un bouquet de roses. Quand nous

sommes exigeants, nous sommes injustes ou vains : nous voulons les autres parfaits ; que sommes-nous, que pensons-nous être ? Celui qui dit : Je m'ennuie, ne s'aperçoit pas qu'il dit précisément : Je suis pour moi-même une sotte et ennuyeuse compagnie. Le temps influe sur notre humeur ; un ciel gris ou pluvieux nous rend tristes, moroses. De rien ne faites parade, car en toute chose on se défie de la montre. Pauvre égoïste, essaye une fois, par curiosité, d'aimer quelqu'autre que toi, tu continueras peut-être après par plaisir. Celui qui nie le bonheur de la prière ne prie jamais ou prie sans ferveur. Voyons en étourdis les défauts de nos camarades, jugeons les nôtres en observateurs. Nous devenons complices du mal que nous pouvons réparer, quand, par paresse ou insouciance, nous nous abstenons d'agir. L'envie n'apprend jamais que de tristes nouvelles. Gardons-nous des travers factices, et dans nos bonnes actions conservons l'empreinte de la nature. N'ajournons jamais la réconciliation : offensés, ne refusons pas notre main ; offenseurs, offrons-la de nous-mêmes. On recommence ses fautes quand on les oublie.

7ᵉ EXERCICE.

93. — Ne débite jamais de belles maximes, mais fais ce que ces maximes te prescrivent. L'absence diminue les passions médiocres, elle augmente les grandes, comme le vent éteint les bougies et allume le feu. Quand on court après l'esprit, on attrape souvent la sottise. Ne dites jamais : Cette faute est légère, je peux me la permettre sans danger. Ne te hâte ni de faire des amis nouveaux, ni de quitter ceux que tu as. La religion donne à la vertu les plus douces espérances, au vice impénitent les plus

vives alarmes, et au vrai repentir les plus douces consolations. Apprends ce qui est honnête et beau, tu seras content de toi-même ; tu n'aimeras pas moins ta vie obscure que celle des généraux et des magistrats. Étudie la sagesse, ta vie sera semée de plaisirs. Tu supportes des injustices ; console-toi : le vrai malheur est d'en faire. Si tu achètes le superflu, tu vendras bientôt le nécessaire. Le plus bel enfant qui se mire, à coup sûr s'enlaidit par une grimace de vanité. La raison supporte les disgrâces, le courage les combat, la patience et la religion les surmontent. Ne dis point : Mon frère est gourmand, moi je suis sobre ; dis plutôt : Puisqu'il est gourmand, corrigeons-nous tous deux. Songe à ta mère, c'est la meilleure distraction contre les pensées dangereuses. Avec les bons, tu apprendras à chérir la vertu ; auprès des méchants, tu sentiras dans ton cœur s'affaiblir la haine du vice, et tu perdras bientôt jusqu'à la raison qui t'éclaire. On se réjouissait à ta naissance, et tu pleurais : vis de manière que tu puisses te réjouir à la mort, et voir pleurer les autres. Veux-tu que tes désirs aient toujours leur effet, ne désire que ce qui dépend de toi. Sois muet quand tu as donné, parle quand tu as reçu.

8e EXERCICE.

Le retour du militaire.

94. — Heureuse mère, livre ton âme à la joie ! le cri de guerre n'effraie plus ta patrie, et la paix, consolatrice de tant de maux, te ramène ton fils, ce fils dont le départ te coûta tant de larmes, dont la longue absence affligea si profondément ton cœur ! Déjà luit ce beau jour où tu

le reverras, où tu pourras le presser contre ton sein, où vos douces larmes se confondront.

Il semble que la nature veuille partager ton allégresse : tu la trouves plus belle, le ciel te paraît plus serein et l'air plus pur; tu crois voir tout animé du bonheur que tu ressens. Dès l'aube du jour, tu te rends sur le seuil de ta chaumière ; impatiente, tu regardes si tu n'aperçois pas briller l'armure de ton fils, que tu voudrais déjà presser dans tes bras. L'espoir et le plaisir te font recouvrer la vue, que l'âge a affaiblie ; tu t'éloignes de chez toi, tu reviens sur tes pas; tu ne sais pas ce qui t'agite; tour à tour tu crains et tu espères ; l'inquiétude jette le trouble dans tes sens, tu ne peux concevoir ce qui diffère ton bonheur ; tantôt tu souris, tantôt tu soupires : il semble que les plus douces et les plus déchirantes émotions combattent dans ton cœur.

9e EXERCICE.

95. — Le chien danois est porté sur des pattes longues et grêles; ses oreilles sont courtes, pointues et pendantes. Il se plaît avec les chevaux dans les écuries. Les jeux natals se célébraient tous les ans au jour natal des grands hommes. Les yeux, organes de la vue, sont défendus par les paupières, membranes mobiles, nues ou garnies de poils nommés cils. Le sanglier vit dans les bois, où il choisit les endroits les plus solitaires et les plus sombres; mais il dévaste souvent les terres cultivées voisines pour y chercher des racines. Ses dents canines inférieures, longues et robustes, sont nommées défenses, et sont très-meurtrières. L'histoire naturelle excite en nous une foule d'idées, et élève notre âme aux plus sublimes conceptions. Les pâ-

turages de la Suisse nourrissent de superbes bestiaux, et font la richesse de ceux qui les possèdent.

10ᵉ EXERCICE.

96. — Les Athéniens prétendaient descendre des fourmis d'une forêt de l'Attique; et les familles qui se piquaient d'être les plus anciennes portaient dans leurs cheveux des fourmis d'or, pour marque de leur origine. Lève les yeux vers les cieux, et tu y verras, comme sur la terre, mille preuves de la sagesse de Dieu. Ces pays, situés sous de beaux ciels, attirent et charment les étrangers. Les membres de l'académie se réunissent pour leurs travaux littéraires, soit dans des séances particulières, soit dans des séances publiques. Les oiseaux jouissent de leur existence : ils chantent leurs plaisirs, leurs accents expriment la tendresse ou la joie. Les étourneaux tourbillonnent sans cesse en l'air; et, tandis que leur instinct les entraîne vers le centre du tourbillon, la rapidité de leur vol les emporte continuellement au-delà. Les maréchaux-ferrants attachent les chevaux vicieux à des travails, et les y ferrent ou les pansent.

11ᵉ EXERCICE.

97. — Les animaux microscopiques, qui résistent si bien au froid et à la chaleur, meurent dès qu'on les expose à une odeur pénétrante, fétide ou spiritueuse; l'huile les tue pareillement. Certains insectes, quand on les touche, replient leurs pattes, leurs antennes, et restent comme immobiles, jusqu'à ce qu'ils se croient hors de danger. En vain on les pique, on les déchire : une cha-

leur un peu forte les oblige seule de reprendre leur mouvement pour s'enfuir. Si la terre était plus molle ou plus spongieuse qu'elle n'est, les hommes et les animaux s'y enfonceraient; si elle était plus dure, elle se refuserait aux travaux du laboureur, et ne pourrait produire ni nourrir ce qui sort actuellement de son sein. S'il n'y avait point de montagnes, la terre serait moins peuplée d'hommes et d'animaux, nous aurions moins de plantes; moins d'arbres; nous serions totalement privés de métaux et de minéraux; les vapeurs ne pourraient être condensées, et nous n'aurions ni sources d'eaux ni fleuves.

12e EXERCICE.

98. — Parmi tant de météores que l'on voit en hiver, l'un de ceux qui méritent une attention particulière, c'est le brouillard; ce n'est qu'un amas de vapeurs aqueuses qui remplissent la plus basse région de l'air, et qui s'y épaississent. Cette condensation se produit principalement par le froid; et il faut, pour qu'il se forme des brouillards, que l'air soit sensiblement plus froid que la terre, d'où s'élèvent continuellement des exhalaisons. Considérez les avantages inexprimables que la pluie procure à notre globe : une pluie qui survient à propos renouvelle la face de la terre, et a bien plus de vertu que la rosée. Les sillons des champs boivent avec avidité les eaux bienfesantes qui sont répandues sur eux. Les principes de fécondité se développent dans les semences et secondent les travaux des hommes. Le cultivateur laboure; il sème, il plante, et Dieu donne l'accroissement. Les hommes font ce qui dépend d'eux; et quant à ce qui est au-dessus de leurs facultés, le Seigneur y pourvoit. L'hiver, il cou-

vre les semences comme d'un vêtement; l'été il les réchauffe et les vivifie par les rayons du soleil et par la pluie.

13e EXERCICE.

99. — Les chacals, animaux carnassiers des pays orientaux, ressemblent aux renards, et hurlent comme les loups. La préparation du sucre n'exige pas beaucoup d'art; mais elle est extrêmement pénible, et l'on y emploie presque toujours les mains des esclaves. Quand les cannes sont parvenues à leur maturité, on les coupe et on les porte au moulin pour les briser et en tirer le jus. On fait d'abord bouillir ce suc, qui sans cela fermenterait et s'aigrirait. Pendant qu'il bout on l'écume pour en ôter les saletés, et l'on répète cette cuisson dans quatre chaudières différentes. Pour le purifier on y jette une forte lessive de cendre de bois et de chaux vive. Enfin on le verse dans des formes, il se coagule et se sèche. Il y a des végétaux qui retirent et contractent leurs feuilles lorsqu'on les touche. On en voit qui ouvrent et referment leurs fleurs à certaine heure marquée du jour, de sorte que ces plantes indiquent l'heure avec assez d'exactitude. D'autres prennent une forme toute singulière pendant la nuit, en ce qu'elles replient alors leurs feuilles; et tous ces mouvements s'opèrent, soit que ces plantes restent en plein air, soit qu'on les mette dans des appartements fermés.

14e EXERCICE.

100. — Telle est notre inattention aux objets que nous avons continuellement sous les yeux, que les choses qui

méritent le plus notre attention sont souvent celles que nous apprécions le moins. Tous les végétauxviennent de graines, mais la plupart d'entre elles ne sont point semées, et échappent même aux yeux des hommes, à qui la nature les dispense. La terre noire se compose de substances végétales et animales putréfiées; elle contient beaucoup de sels et de matières inflammables; c'est proprement du fumier. L'argile, plus compacte, retient plus long-temps l'eau à sa surface. La terre sablonneuse est dure, légère et sèche; elle ne retient point l'eau et ne se dissout pas. Les animaux de la Russie d'Europe sont à peu près les mêmes que ceux de la Suède, de la Norvège et du Danemark. On y voit cependant des chameaux et des dromadaires. Quant aux métaux et aux minéraux, ils y sont tout aussi communs; car on y trouve des montagnes riches en mines de fer, dont la plupart fournissent de l'aimant, du marbre, de l'albâtre, du jaspe, et d'autres espèces de pierre, du sel fossile et de l'alun.

15e EXERCICE.

101. — Les Éphésiens, naturellement jaloux, exigeaient que tous ceux qui excellaient parmi eux allassent exceller ailleurs. Je ne peux, disait Henri IV après une victoire, me réjouir de mes succès : en voyant mes sujets étendus morts sur le champ de bataille, je perds alors plus que je ne gagne. César, voulant rassurer son pilote, que la tempête effrayait, lui cria : Ne crains rien, tu portes César et sa fortune. Boileau disait de Dacier, dont le style était froid et pesant : Il fuit les Grâces et les Grâces le fuient. Je souhaiterais, disait Louis XIII, qu'il n'y eût de places fortifiées que sur les frontières de mon royaume, afin que les

cœurs de mes sujets servissent de citadelles ou de gardes à ma personne. Marcellus, à la tête de quelques légions, se mit à la poursuite des Gaulois qui avaient traversé le Pô; et, avant d'engager le combat, il voua à Jupiter-Férétrien les plus belles armes qu'il parviendrait à enlever aux ennemis. Virdomare, roi des Gaulois, s'avançait dans le même moment pour le défier. Marcellus s'élance sur lui, l'étend à ses pieds, s'empare de ses armes, et les élève vers les cieux à la vue des deux armées.

16ᵉ EXERCICE.

102. — En vain tu poursuis les Scythes, disait leur ambassadeur au plus grand conquérant du monde; je te défie de les atteindre : notre pauvreté sera toujours plus agile que tes armées. Au siége de Syracuse, les machines d'Archimède lançaient toute espèce de traits, et jusqu'à d'énormes pierres qui écrasaient les assaillants. Ici des mains de fer s'élançaient vers les galères, les accrochaient, les tenaient quelque temps suspendues hors de l'eau, et les lâchaient ensuite tout d'un coup. Là, des poutres énormes tombaient avec un horrible fracas sur tout ce qui s'était approché des murailles. On parle encore d'autres machines qui fesaient tourner avec rapidité le bâtiment qu'elles avaient saisi, et finissaient par le briser contre les rochers qui bordent le rivage. Un éléphant maltraité par son cornac s'en était vengé en le tuant. Sa femme, témoin de ce spectacle, prit ses deux enfants, les jeta aux pieds de cet animal encore tout furieux, en lui disant : Puisque tu as tué mon mari, ôte-moi aussi la vie, ainsi qu'à mes enfants. L'éléphant s'arrête tout court, s'adoucit, et, comme s'il était touché de regret, prend

avec sa trompe le plus grand de ces deux enfants, le met sur son cou, et l'adopte pour son cornac. Il l'adopta si bien qu'il n'en voulut jamais souffrir d'autre.

17e EXERCICE.

103. — Un sauvage disait à un Espagnol qui se hâtait de l'égorger : Tu as tort d'abréger mes tourments ; je t'aurais appris à mourir. Cambyse, roi de Perse, était fort adonné au vin. Un jour un de ses favoris, nommé Préxaspes, lui représenta qu'on trouvait à redire qu'il bût tant. Je veux te faire voir, lui dit Cambyse, que le vin ne m'ôte ni le jugement ni l'adresse. Pour cet effet, après avoir bu plus qu'à l'ordinaire, le tyran ordonne qu'on lui amène le fils du favori, qu'on le lie à un arbre, et, s'adressant au père : Si je ne perce, lui dit-il, le cœur de ton fils avec cette flèche, tu auras raison de dire que j'avais tort de tant boire. Cambyse tire sur l'enfant, l'atteint et le renverse. Il le fait ouvrir, et il se trouve que la flèche l'a percé droit au cœur. Préxaspes, père aussi dénaturé que lâche favori, loin de venger sur le tyran la mort de son fils, oublie sa douleur pour louer l'adresse du féroce Cambyse : Apollon, lui dit-il, ne serait pas plus adroit.

18e EXERCICE.

104. — Le grand Condé était allé saluer Louis XIV après la bataille de Senef, qu'il avait gagnée contre le prince d'Orange. Le roi le trouva sur le grand escalier, lorsque le prince, qui avait peine à marcher à cause de sa goutte, s'écria : Sire, je prie votre majesté de m'excu-

cuser si je la fais attendre, je suis affaissé sous le poids des infirmités. Mon cousin, lui dit le roi, dites plutôt sous celui des lauriers. Jules César, ayant débarqué en Afrique, tomba au sortir du vaisseau, ce qui parut à ses soldats d'un fort mauvais présage ; mais, faisant tourner à son avantage la disposition de l'armée : C'est maintenant, s'écria-t-il, que je te tiens, ô Afrique! Philippe II était petit; pour se venger de ce tort de la nature, il exigeait de ceux qui lui parlaient qu'ils s'agenouillassent devant lui. On rapporte cette réponse d'un général d'armée : les ennemis s'avançaient, des nouvelles de leurs forces pouvaient décourager l'armée ; le général l'appréhendait aussi; lorsqu'on vint lui dire que les ennemis approchaient et qu'il était nécessaire d'envoyer reconnaître leur nombre: Il ne s'agit pas de les compter, dit-il; il s'agit de les vaincre. On disait à Léonidas, roi de Lacédémone, que l'armée des ennemis était si nombreuse que la quantité de leurs flèches serait capable d'obscurcir le soleil : tant mieux, dit-il, nous combattrons à l'ombre. On connaît cette fière réponse de Léonidas à Xercès, qui lui disait de mettre bas les armes : Viens les prendre, si tu l'oses.

19e EXERCICE.

105. — Philippe, roi de Macédoine, se fesait rappeler tous les jours cette vérité peu agréable aux monarques : Philippe, souviens-toi que tu es mortel. Par un mouvement de colère, Aristippe se brouilla avec Eschine. Eh bien ! lui dit quelqu'un, qu'est devenue l'amitié qui vous liait tous deux? Elle dort, répondit-il, mais je vais la réveiller. Il courut aussitôt chez Eschine : me crois-tu, lui dit-il, tellement enfoncé dans le mal, qu'il me soit im-

possible de me corriger? Va, lui répondit Eschine, je ne suis pas étonné que tu l'emportes en tout sur moi, et que tu aies été le premier à sentir ce que nous devions faire. Le frère d'Euclyde lui dit un jour : Je veux mourir si je ne me venge de toi. Et moi, repartit Euclyde, je veux mourir si je ne te persuade d'apaiser ta colère et de m'aimer comme auparavant. Quelqu'un disait à Socrate en versant des pleurs : Vous mourrez donc innocent? — Aimeriez-vous mieux que je mourusse coupable?

20e EXERCICE.

106. — Certain homme amena son fils à Aristippe, et le pria d'en prendre soin. Aristippe lui demanda cinquante drachmes. « Comment! cinquante drachmes, s'écria le père de l'enfant; il n'en faudrait pas tant pour acheter un esclave! Va donc l'acheter, lui dit Aristippe, et tu en auras deux. » Alexandre dit un jour à Diogène : « Je vois que tu manques de beaucoup de choses : je serais bien aise de te secourir, demande-moi ce que tu voudras. Retirez-vous un peu, répondit le philosophe, vous empêchez que je jouisse du soleil. » Coriolan aimait tendrement sa mère : qu'elle entendît les louanges qu'il recevait, qu'elle vît et touchât les couronnes qu'il avait gagnées, qu'elle l'embrassât en versant de douces larmes, c'est en cela qu'il faisait consister le comble de sa gloire et sa souveraine félicité.

21e EXERCICE.

107. — La célébrité de Carnéade est due principalement à son éloquence nerveuse et entraînante. Tout ce

qu'il soutenait, il le prouvait; tout ce qu'il attaquait, il le détruisait. Il charmait ses auditeurs et subjuguait ses adversaires; aucun ne pouvait lui résister, lui seul triomphait. Toutes ses opinions étaient adoptées; toutes celles des autres rejetées. Les plus forts arguments devant les siens avaient le sort de la cire devant le feu. Tout le monde se moquait d'un joueur de flûte; Diogène seul en fesait l'éloge. « Comment peux-tu le louer? lui demanda-t-on. — Parce qu'il aime mieux jouer de la flûte que de voler. » Quelqu'un se plaignait de manquer d'appétit, et de ne trouver bon rien de ce qu'il mangeait : « Je sais, lui dit Socrate, un bon remède à votre mal : mangez moins, les mets vous paraîtront plus agréables, vos dépenses seront diminuées, et vous vous porterez mieux. » Diogène demanda une somme assez forte à un dissipateur. « Quoi! lui dit cet homme, tu ne demandes aux autres qu'une obole! Cela est vrai, répondit Diogène, mais je ne dois pas espérer que tu puisses me donner plusieurs fois. »

22e EXERCICE.

108.— Diogène voyant un homme qui se fesait chausser par un esclave : « Tu ne seras pas content, dit-il, jusqu'à ce qu'il te mouche; fais-toi couper les bras, puisqu'ils te sont inutiles. » Aristote disait : « Il y a des gens qui amassent du bien avec autant d'avidité que s'ils devaient vivre toujours; d'autres dépensent ce qu'ils ont comme s'ils devaient mourir demain. » Diogène vit un enfant qui buvait dans le creux de sa main : il jeta aussitôt sa tasse. « Cet enfant, dit-il, m'apprend à me passer du superflu. » Alcibiade et Critias, qui devinrent les hommes les plus ambitieux d'Athènes, se conduisirent pourtant avec sagesse tant qu'ils fréquentèrent Socrate; non qu'ils le craignissent comme un maître qui eût droit de les punir de leurs fautes, mais parce qu'ils avaient alors l'idée de la vertu. « Si tu considérais tout ce que les autres souffrent, disait Chilon, tu te plaindrais plus doucement de tes maux. »

23e EXERCICE.

109. — Dans la crainte que Pyrrhus n'attaquât leur ville, les Lacédémoniens formèrent le projet d'envoyer leurs femmes dans l'île de Crète; elles s'y opposèrent. Une d'elles, nommée Archidamie, l'épée à la main, entre dans le sénat, et lui demande pourquoi il a assez mauvaise opinion des femmes spartiates pour croire qu'elles puissent survivre à la ruine de leur patrie. « Tu ne serais pas un bon poète, dit un jour Thémistocle à Simonide, si tu fesais des vers contre les règles de la poésie, et je ne serais pas un bon magistrat si j'accordais quelque grâce contre les lois. » On apporta à Archidamus II, roi de Lacédémone, de la part de Denis de Syracuse, un superbe manteau pour ses filles. « Je crains, dit-il, que cette parure ne les fasse trouver plus laides. » En partant pour l'armée, le Lacédémonien Brasidas écrivit aux éphores : « Tout ce que je vous annonce, je le ferai, ou je recevrai la mort. »

EXERCICES GÉNÉRAUX.

DEUXIÈME PARTIE.

1er EXERCICE.

110. — Ceux qui ne songent à leurs devoirs que quand on les en avertit ne méritent aucune estime. Les enfants qui n'aimeraient pas leurs parents seraient des monstres ; ceux qui ne les aimeraient que faiblement seraient des ingrats. Les enfants sont semblables à de jeunes arbrisseaux : ils doivent se plier au gré de ceux qui les dirigent. Dépourvus de tout secours, incapables de s'en procurer, les enfants sont, dès le moment où ils voient le jour, l'objet de la tendre sollicitude de leurs mères : combien ne doivent-ils pas les chérir, celles qui leur prodiguent tous leurs soins, qui se sacrifient pour eux!

2e EXERCICE.

111. — Coupables envers la religion, les menteurs outragent l'image sacrée de la vérité ; coupables envers la société, ils semblent faire leurs efforts pour la détruire ; coupables envers ceux qui les écoutent, ils abusent de leur confiance jusqu'à leur faire croire ce qui n'est pas.

Aussi ce rôle abominable les perd-il pour toujours de réputation; car, une fois qu'ils sont reconnus pour tels, chacun les méprise, s'éloigne d'eux; et, déshonorés aux yeux des autres, ils le sont aussi aux leurs propres : il leur est impossible de descendre dans leur cœur sans rougir de honte et de confusion. La religion éclaire les hommes, et les rend meilleurs. Ceux qui nous flattent nous sont plus nuisibles que ceux qui nous haïssent. Ceux qui se connaissent savent ce qui leur est utile, ce que leurs forces peuvent supporter, ce qu'elles leur refusent.

3e EXERCICE.

112. — On se défie avec raison de ceux qui ont sans cesse les serments à la bouche ; ceux qui en contractent l'habitude, les emploient pour le faux comme pour le vrai : on est sur ses gardes avec eux, et leurs serments leur nuisent plus qu'ils ne leur servent. Les vieillards sont comme des arbres antiques, élevés, touffus, couverts de fruits, qui de leur cime guident les voyageurs, les rafraîchissent de leur ombre, les nourrissent de leurs fruits, et auxquels un grand nombre d'années donne droit à la vénération publique. Les gourmands ne semblent vivre que pour manger ; toute autre chose leur paraît indifférente : avant le repas, ils s'occupent de satisfaire leur sensualité, et pendant le repas ils la satisfont en gloutons ; tels que ces animaux immondes auxquels on les compare, souvent ils ne pensent qu'à se gorger et à digérer, et, par leurs excès, ils ruinent leur santé et abrutissent leur esprit. Pour eux tout est bon, tout est bien.

4e EXERCICE.

113. — Les avares se rétrécissent et se dessèchent le cœur ; tout sentiment d'humanité leur est étranger : insensibles à tout, ils ne voient que leur or, ils lui sacrifient tout, leurs parents, leurs enfants, et eux-mêmes ; car cet or, qu'ils ne possèdent pas, mais qui les possède, les rend leurs propres bourreaux. Ils ne jouissent d'aucun repos, tout leur porte ombrage ; ils fuient tout le monde, et tout le monde les fuit. Ne sont-ils pas les plus méprisables des humains ? Quoique les chiens soient des animaux très-courageux, et qu'ils exposassent leur vie pour défendre leurs maîtres si l'on osait les attaquer, ils sont d'un si bon naturel, qu'ils laissent les petits enfants jouer avec eux ; ils ne les mordent pas, pourvu cependant qu'ils ne leur fassent pas de mal. Les chameaux se chargent des fardeaux les plus pesants, et les portent avec autant de patience que de légèreté. Lorsqu'ils sont parvenus au terme de leur voyage, ils s'agenouillent d'eux-mêmes pour que leurs maîtres les déchargent. Ces animaux sont très-sobres, et passent quelquefois plusieurs jours sans boire et sans manger.

5e EXERCICE.

Les Nautiles.

114. — Les nautiles sont des poissons qui naviguent avec leur coquille, dont la forme approche de celle d'un vaisseau. On prétend que c'est d'eux que les hommes ont appris à naviguer. Quand ils veulent s'élever du

fond de la mer, ils retournent leur coquille sens dessus dessous ; et, à la faveur de certaines parties de leur corps, qu'ils gonflent ou qu'ils resserrent à volonté, ils traversent toute la masse des eaux : en approchant de leur surface, ils retournent adroitement leur petit navire, dont ils vident l'eau, à l'exception de ce qu'il leur en faut pour le lester ; alors ils élèvent deux espèces de bras, et étendent comme une voile la membrane mince et légère qui les unit ; ils alongent et plongent dans la mer deux autres membranes qui leur servent d'avirons, et, un autre leur tenant lieu de gouvernail, ils se mettent à voguer habilement, soumettant les vents et les flots à leur adresse.

6ᵉ EXERCICE.

Les Vers à soie.

Les vers à soie, avant leur naissance, sont renfermés dans de petits œufs, conservés dans des lieux secs jusqu'au retour du printemps. Alors on les expose à une chaleur douce, et l'on voit sortir de petits vers grisâtres, qu'on met aussitôt sur des feuilles de mûrier. Ces petits vers grossissent fort vite ; car aussitôt qu'ils sont nés, ils mangent de ces feuilles tout le long de la journée. Au bout de neuf ou dix jours leur peau se détache de leur corps, et ils paraissent beaucoup moins laids avec leur robe nouvelle. Ils en changent trois fois encore de sept jours en sept jours, et, à la dernière, ce sont des vers très-blancs et assez gros. Ils commencent bientôt à devenir jaunâtres et transparents, leur corps grossit et se ramasse, et ils cessent absolument de manger : c'est le temps où ils se disposent à se mettre à l'ombre. Ils grimpent le long de petits brins de genêt ou de bruyère, qu'on place près d'eux, et ils attachent d'abord, de tous côtés, des soies qu'ils filent un peu grosses pour y suspendre leur coque.

7e EXERCICE.

Les Huîtres.

116. — Renfermées dans d'étroites prisons, privées de tout mouvement, de toute industrie, les huîtres n'en trouvent pas moins leur subsistance. En entr'ouvrant leurs écailles, elles reçoivent à chaque instant de la mer les petits insectes, les débris des plantes, et les sucs limoneux dont elles se nourrissent. Quelques oiseaux de mer attendent que les huîtres ouvrent leurs écailles pour fondre précipitamment sur elles, et les percer à coups de bec, avant qu'elles ne se soient claquemurées; mais elles les prennent souvent eux-mêmes, lorsqu'elles se referment aussitôt.

8e EXERCICE.

Les Ours polaires.

117. — Ces animaux, quoique féroces, ne le sont pas autant que des voyageurs se sont plu à le dire. Ils diffèrent des ours communs en ce qu'ils sont blancs et plus grands; que leur tête est plus mince et plus alongée, leurs oreilles plus courtes et plus arrondies, et qu'ils ont les pieds et les mains beaucoup plus longs. Cependant les ours communs sont quelquefois blancs; mais on ne les

trouve tels que dans les montagnes des pays froids. Les ours polaires nagent et plongent bien; et, comme les ours communs, ils s'élèvent et courent assez vite sur leurs pieds de derrière. Ce sont peut-être de tous les quadrupèdes ceux qui craignent le plus la chaleur.

L'Océan glacial, dont ils habitent les bords, leur fournit une nourriture abondante par les cadavres de cétacées et de poissons qu'il rejette. Ils se plaisent à attaquer les phoques; mais ils n'aiment pas la chair des quadrupèdes, à moins que la faim ne les presse.

C'est surtout quand ils quittent leur retraite d'hiver qu'ils sont cruels, parce que la faim les irrite. Alors ils attaquent les hommes; mais, dans tout autre temps, sans être lâches, ils ne sont point dangereux, à moins qu'ils n'aient à défendre leurs petits, ce qu'ils font avec beaucoup d'audace.

Il ne faut qu'un peu d'adresse pour les vaincre. Lorsqu'ils sont élancés, il suffit de se détourner un peu, et de leur percer le flanc; mais, si on les attaque en face, ils ont beaucoup d'avantage, étant très-vigoureux et combattant debout.

CORRIGÉ
DES EXERCICES
GRAMMATICAUX.

SYNTAXE.

CHAPITRE II*.

DU SUBSTANTIF.

SECTION PREMIÈRE. — ORTHOGRAPHE.

1er EXERCICE. (372 à 375.)

1.— Il faut se garder d'enseigner aux enfants ces phrases d'une politesse affectée dont ils surchargent leurs demandes, comme les *je vous en prie*, les *petite maman, en grace* (30)**.— Ce libraire m'a envoyé deux *Boileau* pour

---

* Les exercices sur le chapitre Ier. (*De l'Analyse logique*) se trouvent dans la Grammaire, p. 114 à 125, et dans le Questionnaire, p. 40 et 45.

** Les chiffres placés après les citations renvoient aux nom des auteurs, qui sont à la fin de l'ouvrage.

deux *Racine*.— Le même roi qui sut employer les Condé, les Turenne, les Luxembourg, les Créqui, les Catinat et les Villars dans ses armées, les Colbert et les Louvois dans son cabinet, choisit les Racine et les Boileau pour écrire son histoire, les Bossuet et les Fénelon pour instruire ses enfants, les Fléchier, les Bourdaloue et les Massillon pour l'instruire lui-même (115).— Qui nous a dit que, de nos jours, parmi les nations policées ou barbares, on ne trouverait pas des Homères et des Lycurgues occupés des plus viles fonctions (12)?

2.— Par la vertu des deux Antonin, ce nom devint les délices des Romains (24).— Les Elzévirs sont aujourd'hui très-recherchés. — Les Guises furent extrêmes dans le bien et dans le mal qu'ils firent à l'état. (120). — Comment répondre aux *pourquoi* continuels des enfants? — L'Espagne s'honore d'avoir produit les deux Sénèque (136). — Il est peu de Zopires qui se mutilent pour soumettre des Babylones à leurs rois. — Duguay-Trouin eût été aussi aisément le rival des Turenne et des Condé que celui des Ruyter et des Duquesne (155). — Les deux Orloff, en attendant la première escadre russe, avaient tout préparé (160).— La dernière ressource de la république semble périr en Espagne avec les deux Scipions (24).

2e EXERCICE. (375 à 377.)

3.— Les mauvais écoliers sont accablés de pensums, et privés d'exéats; les bons obtiennent des satisfécits, et ont, à la fin de l'année, des prix ou des accessits. — La philosophie a éteint les feux des auto-da-fé. — Les lazzis et les quolibets de ces bateleurs excitent les bravos des dilettanti du boulevard. — Il y a dans ces opéras des solos et des duos charmants. — Les *a parte* doivent être courts et rares. — Les Carbonari forment en Italie une société politique et secrète pour la défense de la liberté. — Des concettis sont des pensées brillantes, mais fausses. — Les agendas sont des vade-mecum. — Nous devons à la lithographie de beaux fac-simile. — Aux environs de Rome sont de délicieuses villas.

3e EXERCICE. (377 à 379.)

4. — Des abat-jour, des appui-main, les après-midi, ces arcs-en-ciel, des arrière-pensées, des avant-coureurs, des basses-contre, des bec-figues, des blanc-bec, des blanc-seings, des boute-feu, des brise-raison, des casse-cou, des cerfs-volants, des chauves-souris, des contre-coups, des coq-à-l'âne, des demi-savants, des entre-sols, des gagne-petit, des garde-boutiques, des gardes-champêtres, des grand'mères, des hôtels-Dieu, des loups-garous, des ouï-dire, des passe-passe, des passe-partout, des plates-formes, des pleure-misère, des porte-crayons, des porte-respect, des quasi-délits, des réveille-matin, des serre-tête, des terre-pleins, des tire-pied, des tête-à-tête, des vers-à-soie, des vole-au-vent.

Un bec-figues, un brèche-dents, un casse-noisettes, un chasse-mouches, un couvre-pieds, un entre-colonnes, un essuie-mains, un vide-bouteilles, un va-nu-pieds.

---

5. — Le *Cid*, *Athalie*, *Alzire*, sont des chefs-d'œuvre dramatiques. — Les vole-au-vent ne sont plus si légers

qu'autrefois. — Les garde-vue garantissent les yeux d'une trop vive lumière. — Il y a des gardes-malades dont les soins sont précieux. — Les oiseaux-mouches sont les bijous de la nature. — Ces calculs sont de véritables casse-tête. — Aux environs des grandes villes il y a beaucoup de pied-à-terre. — Les porte-drapeaux sont exposés. — Querelleurs et vaillants, les rouge-gorge ne peuvent voir de rivaux sans les combattre. — Les voyageurs prudents se munissent de passe-ports. — Les contre-coups sont dangereux. — Il ne faut pas s'arrêter à la plupart des ouï-dire. — Les peintres ne pourraient travailler sans leurs appui-main. — Les chats-huants, les chauves-souris, et les hiboux sont de vilains oiseaux. — Les contre-marches trompent l'ennemi. — De telles gens sont des boute-feu. — Les petits frissons sont les avant-coureurs de la fièvre.

4e EXERCICE. (380 à 384.)

6. — Les ruines changent de caractère en Égypte : souvent elles étalent, dans un petit espace, toutes les sortes d'architecture, et toutes les sortes de souvenirs (34). — Les jeunes chats seraient propres à amuser les enfants, si les coups de patte n'étaient pas à craindre (28). — Dans toutes les peaux de léopard, les taches sont chacune à peu près de la même grandeur, de la même figure (28). — Cicéron avait toutes les sortes d'esprit et toutes les sortes de style (92). — Le sirop de mûre est bon pour les maux de gorge. — Ils étaient occupés à faire des nattes d'herbes et des paniers de bambou (18). — Les peaux de tigre se vendent cher. — Ces sauvages nous présentèrent des peaux de tigres qu'ils avaient pris dans des pièges. — Le sucre de betterave est plus léger que celui de canne. — La gelée

de pomme est rafraîchissante. — Les voix d'homme sont moins agréables que celles de femme. — En passant devant cette église, j'entendis des voix d'hommes, de femmes, et d'enfants dont l'harmonie me charma. — Mon mari m'acheta des habits de femme assez propres (104). — Il faut avouer qu'il y a des mines d'homme et de femme pour qui l'art ne peut rien (104).

5e EXERCICE. (384 à 389.)

7. — La parfaite valeur est de faire sans témoins ce qu'on serait capable de faire devant tout le monde (138). Les chameaux et les dromadaires, couchés entre de grands fragments de maçonnerie, ne laissent voir que leurs têtes fauves et leurs dos bossus (34). — Pyrrhon fesait profession de douter de toutes choses. — Le monde est économe d'éloges, et prodigue de critiques. — Alcibiade était bien de figure, mais sans élégance et sans grace; rempli d'attentions et de soins, mais d'une assiduité fatigante (113). — Cet enfant apporte à ses devoirs beaucoup d'attention et de soin. — Combien on éprouve de plaisir à obliger! — Que de peines pour quelques plaisirs! — On éprouve toujours quelque plaisir à s'entendre louer. — Un volcan est un canon d'un volume immense, dont l'ouverture a souvent plus d'une demi-lieue : cette large bouche à feu vomit des torrents de fumée et de flammes, des fleuves de bitume, de soufre et de métal fondu, des nuées de cendres et de pierres (28). — Les complaisants, les politiques et les courtisans rient souvent de toutes leurs forces, rarement de tout leur cœur.

---

8. — L'intérêt parle toutes sortes de langues, et joue toutes sortes de personnages, même celui de désintéressé (138). — L'intérêt met en œuvre toutes sortes de vertus et de vices (138). — Le second et le sixième livre de l'*Énéide* abondent en beautés du premier ordre. — Il y a des gens qui prennent de toutes mains. — Rien n'est impossible : il y a des voies qui conduisent à toutes choses ; et si nous avions assez de volonté, nous aurions toujours assez de moyens (138). — Au carême, les catholiques fidèles à leurs principes ne vivent que de fruits, de laitage, de poisson et de légumes. — Les ennemis ont été mis en fuite ou taillés en pièces.— Le corps meurt peu à peu par parties, son mouvement diminue par degrés. — Je vous prends tous à témoin de mon innocence. — Cet honnête maître d'hôtel était avec cinq ou six de ses amis qui s'empiffraient de jambons, de langues de bœuf et d'autres viandes salées qui les obligeaient à boire coup sur coup (104).

SECTION II. — GENRE.

6e EXERCICE. (389 à 410).

9. — Si je savais quelque chose qui me fût utile et qui fût préjudiciable à ma famille, je le rejetterais de mon esprit (120). — Quelque chose qu'il m'ait dite, je n'ai pu le croire (113).— Les nouvelles hymnes d'église ont plus de dignité que les anciennes. — Il m'a rendu les

meilleurs offices. — L'office est remplie de domestiques. — Démosthène et Cicéron ont porté l'éloquence à son plus haut période. — La fièvre quarte et toutes les autres fièvres intermittentes ont leurs périodes réglées. — Les œuvres de nos grands écrivains seront toujours recherchées. — L'œuvre de la création fut achevée en six jours.

Le passé n'a point vu d'éternelles amours.

---

10. — On m'offrit quelque chose, et je le refusai; on me présenta autre chose, et je le refusai de même. — L'aigle privée de ses aiglons déchire l'air de ses cris. — L'aigle impériale conduisait nos soldats à la victoire. — Chère enfant, disait-elle à sa fille, rien ne pourra me séparer de toi. — La foudre sillonne les airs, et frappe les arbres les plus élevés. — Les délices du cœur sont plus touchantes que celles de l'esprit (166). — Quel délice de contempler les heureux que l'on fait! — Un premier amour qui nous enflamme dans notre jeunesse, un dernier amour que nous éprouvons dans l'automne de notre vie, sont deux amours bien différents (150).

Ces exemples sont tachées. — De telles œuvres seront bien récompensées. — Les mauvais exemples sont toujours plus suivis que les bons. — L'orge est moissonnée. — Ces orgues sont très-estimées. — Quel orgue harmonieux! — Quand Pâque sera arrivé, je vous emmènerai à la campagne. — Personne dans la pension n'est plus aimable ni plus jolie que Rosine.

---

11. — Dinde truffée, arrhes reçues, bel ivoire, sentinelle

perdue, pleurs versés, hémisphère oriental, stalle louée, atmosphère épaisse, écritoire renversée, ulcère guéri, bel obélisque, ancienne horloge, immondices enlevées, première hypothèque, hôtel garni, noire ébène, excellent cigarre, épiderme enlevé, alcove obscure, éloge mérité, fatale équivoque, fibre déliée, midi passé, offre refusée, patère dorée, insulte pardonnée, légumes chers, émétique pris, belle hortensia, simples cueillies, pédale cassée, intervalle mesuré, épisode intéressant, érysipèle guéri.

---

12. — Grand incendie, idole brisée, décrottoire usée, paroi blanchie, vivres renchéris, indice sûr, paraphe orné, artère coupée, premier équinoxe, heureux auspice, armistice conclu, bon amadou, mauvais augure, omnibus rempli, sandaraque employée, emplâtre enlevé, mânes sacrées, petite antichambre, belle écaille, monticule aplani, belle nacre, ongles longs, escompte payé, éventail brodé, profondes ténèbres, décombres enlevés, chanvre récolté, concombre mûr.

SECTION III. — CONSTRUCTION.

7e EXERCICE. (412 à 417.)

13. — Pourquoi coulent vos pleurs? — Puissent vos peines être adoucies! — Les peines et les soins cruels vous feront regretter sur le trône la vie pastorale (62). — Tullus Hostilius ruina Albe, dont il transféra les habitants à Rome (159). — C'est une idée belle et profonde d'avoir attribué à l'orgueil la chute de Satan et la perte de

l'homme (150). — Nous écoutons avec complaisance les louanges les plus mensongères (150). — Caïn, le premier enfant d'Adam et d'Ève, fait voir au monde naissant la première action tragique (24).

---

14. — Les Carthaginois battent et prennent Régulus; mais ce général romain devient plus célèbre par sa prison que par ses victoires (24). — Les Romains perdirent la fameuse bataille d'Allia contre les Gaulois sénonnais, qui prirent et brûlèrent leur ville (24). — Cet habile coureur va à Versailles et en revient en deux heures. — Il ne fut pas moins regretté de ses concitoyens qu'il ne leur fut utile. — Sigebrite, maîtresse de Christiern, donnait et ôtait les charges et les dignités sans égard pour les lois du pays et selon son caprice (159). — Tous les Romains se rappelaient et citaient avec mépris le nom de Spurius Carvillius, qui divorça le premier (150). — Un jeune homme, passant près du corps de garde du Louvre, aperçut un fusil et s'en empara ; il s'en alla ensuite tranquillement, comme s'il venait de faire son service ou s'il y allait. — Le roi de France avait su connaître et utiliser ses avantages.

---

15. — Les rois de Syrie tenaient la haute et la basse Asie (120). — Corneille a réformé la scène tragique et la scène comique par d'heureuses imitations (162). — M. d'Aguesseau fesait de très-beaux vers français et latins (155). — On procéda ensuite à bâtir le temple (à la divine signora Jeanne d'Aragon), et les langues latine, grecque,

italienne, française, espagnole, esclavonne, polonaise, hongroise, hébraïque, chaldaïque, etc., furent employées à la construction de ce monument (155). — Que de temps on emploie à l'enseignement de la langue grecque et de la langue latine!

CHAPITRE III.

DE L'ADJECTIF.

SECTION I. — ORTHOGRAPHE.

§ I. — *Adjectif qualificatif.* (417 à 436.)

1er EXERCICE. (418 à 424.)

16. — Ma feue tante m'entretenait souvent de feu ma grand'mère. — Un service solennel pour les feus rois Louis XVI et Louis XVII, la feue reine Marie-Antoinette, et madame Élisabeth, eut lieu à Notre-Dame le 14 mai 1814. — Henri IV dans sa jeunesse allait toujours nu-tête (162). — Il est bon d'habituer les enfants à coucher tête nue. — Les lions de petite taille ont environ cinq pieds et demi de longueur, sur trois pieds et demi de hauteur (28). — Un ministre doit éviter, presque autant que le mal, les demi-remèdes dans les grands maux (155). — Si les demi-lumières éloignent de la religion, les lumières complètes y ramènent. — J'arriverai à midi et demi, une demi-heure avant vous, et nous repartirons vers deux heures et demie.

---

17. — Instruits par l'expérience, les vieilles gens sont soupçonneux (58). — Tels sont les gens qu'on voit régenter l'univers (101). — Que dis-tu d'un pays où l'on tolère de pareilles gens (120) ? — Pygmalion n'avait jamais vu de gens de bien ; car de telles gens ne vont point chercher un roi si corrompu (68). — Certains gens de robe sont loin d'être de bonnes gens, de vrais honnêtes gens. — Certaines vieilles gens sont plus rusés qu'on ne croit. — Je voyais diverses gens qui venaient m'avertir que ces deux étrangers étaient fort à craindre (68).

Buffon fait dire à l'homme : Employons cet élément actif et dévorant, qu'on nous avait caché, et que nous ne devons qu'à nous même. — Aimé Martin, dans la préface de son édition des œuvres de Racine, dit : Séduit par les charmes d'une poésie divine, nous avons été involontairement entraîné à faire un ouvrage de ce qui n'avait d'abord été qu'un délassement d'occupations plus sérieuses.

On est heureuse quand on est mère, et qu'on est chérie de ses enfants. — On n'est heureux en ménage que quand on est bien unis. — Quand on s'est uni par le mariage, le lien est indissoluble.

Ma fille, cet habit me fatigue la vue :
Et, comme tout le monde, il faut être vêtue (164).

Peut-on vivre heureux quand on est séparés ? — Peut-on être plus amis que vous ne l'étiez avant-hier (113). — C'est un enfer qu'un pareil mariage ; il vaudrait mieux être morts qu'unis ainsi (143).

2e EXERCICE. (424 à 429).

18. — On a porté beaucoup d'habits bleu-barbeau. — Les couleurs roses et bleu-tendre sont, dit-on, des déjeuners de soleil. — Dans cette pension, les demoiselles sont distinguées, les unes par des ceintures orange, les autres par des bleues, et d'autres par des ponceau ou cramoisies.

Vous m'avez vendu cher vos secours inhumains (134).

Il prit ses mesures si juste qu'on ne put l'arrêter. — S'il faut que j'implore ainsi vos secours, je les trouve trop chers. — S'ils tombent ou s'ils demeurent fermes, c'est à l'insu du public (114). — Ce tailleur prend ses mesures si justes qu'on est parfaitement habillé par lui. — Les écoliers doivent être tenus ferme, mais sans rudesse. — On lui a coupé les cheveux trop court (167). — En général, les mères exhortent leurs filles à se conduire avec sagesse; mais elles insistent beaucoup plus sur la nécessité de se tenir droites, d'effacer leurs épaules (12, Éducation des filles à Athènes). — On dit que les verres frottés de persil se cassent net. — Faites-moi ces billets aux plus courtes échéances possible (112). — Les navigateurs, opiniâtrément repoussés, assaillis de toutes les calamités possibles, se virent réduits à reprendre la route de l'Europe (135). — La tour de Babel avait été élevée fort haut, mais non pas autant que le souhaitait la vanité humaine (24).

---

19. — Tes silences même ont leur expression et leur éloquence (83). — L'ignorance des mots tient souvent à l'ignorance des choses mêmes (140). — On est obligé de

contraindre l'enfant; il est triste, mais nécessaire de le rendre malheureux par instants, puisque ces instants mêmes de malheur sont les germes de son bonheur à venir (28). — Les divertissements même du Czar (Pierre-le-Grand) furent consacrés à faire goûter le nouveau genre de vie qu'il introduisit parmi ses sujets (162). — Après la bataille de Cannes, il ne fut pas permis aux femmes même de pleurer (120). — L'avarice se nourrit et s'enflamme par les remèdes mêmes qui guérissent et éteignent toutes les autres passions (114). — C'est dans les œuvres mêmes de Dieu que nous reconnaissons sa puissance, sa sagesse et sa bonté. — Les plantes même étaient adorées en Égypte. — Ce sont ces plantes mêmes, que vous regardez comme nuisibles, qui vous sauveront la vie.

---

20. — Je vous envoie ci-joints les papiers que vous m'avez demandés. — Les lettres et les manuscrits seront envoyés franc-de-port. — Les enfants nouveau-nés même ne furent point épargnés. — On nous a envoyé des oranges aigre-douces. — Voilà des fleurs fraîche-cueillies. — Maintenant vos lettres sont plus clair-semées (134).

Je hais ces fort-vêtus qui, malgré tout leur bien,
Sont un jour quelque chose, et le lendemain rien (137).

3e EXERCICE. (429 à 436.)

21. — Un esprit raisonnable ne doit chercher, dans une vie frugale et laborieuse, qu'à éviter la honte et l'injustice attachées à une conduite prodigue et ruineuse (68). — Voici des êtres dont la taille et l'air sinistre inspirent la

terreur (12). — L'orgueil aveugle se suppose une grandeur et un mérite démesurés (150). — Rica jouit d'une santé parfaite : la force de sa constitution, sa jeunesse et sa gaîté naturelle le mettent au-dessus de toutes les épreuves (120). — Dans la Laponie, la ronce, le genièvre et la mousse font seuls la verdure de l'été (28).

---

22. — Philippe montra partout un courage et une prudence supérieurs à son âge (139). — La vraie modestie a un naturel et une bonhomie inimitables. (150). — C'est comme une espèce d'enthousiasme et de fureur noble qui anime l'oraison, et qui lui donne un feu et une vigueur toute divine (21). — Cet acteur joue avec une noblesse et un goût parfait. — Le grand Condé était d'une bonté, d'une affabilité charmante. — C'est au mérite et à la vertu seuls que devraient être réservés les dignités et les honneurs. — Les singes font des grimaces et gestes extravagants. — Les habitants du détroit de Davis mangent leur poisson et leur viande crus (28). — Les oiseaux construisent leurs nids avec un art, une industrie merveilleuse.

---

23. — La gaîté de Montesquieu, ainsi que sa douceur, était toujours égale. — Le barbet a les oreilles longues et pendantes, la queue et le corps couverts de longs poils. — La perception ou l'impression occasionnée dans l'ame par l'action des sens, est la première opération de l'entendement (40). — Dès qu'un enfant a un penchant ou une répugnance bien marquée, c'est la voix du destin; il

faut lui obéir (168). — *On* peut être suivi d'un substantif ou d'un adjectif féminins ou pluriels, comme dans : Quand on est épouse et mère, on n'est guère occupée que de soins de famille. On est égaux quand on s'aime.

Votre fils a la fièvre, ou jambe ou bras cassé (119).

On a jeté une partie des fruits gâtés. — On a trouvé une partie des fruits gâtée. — Il a trouvé une partie de ses amis ruinés (241).

---

24. — Il y a des contrats de vente simulée. — Que de contrats de mariage annulés! — Il voyagea après six mois de temps écoulés dans l'inaction. — La frugalité est une source de délices merveilleuse pour la santé (104). — Les enfants de chœur ont des bas de soie rouges. — Les dames portent aujourd'hui des capotes de percale lustrée doublées de florence rose. — La mode des étoffes de soie brochées est revenue; on vend aussi beaucoup d'étoffes de soie mêlée de laine. — Nos dames portaient l'hiver dernier des brodequins de velours noir lacés sur le côté. — Les bonnets de tulle brodé garnis de rubans de gaze brochée sont de mode. Cette dame avait une robe de satin noir tout unie.

---

25. — Les habitants de la presqu'île de Malacca et de l'île de Sumatra ont l'air fier (28). — Les chiens de Sibérie ont les oreilles droites, et l'air agreste et sauvage (28). — Il se laissa même aller au sommeil, afin que sa mort, quoique forcée, eût l'air naturel (4).

La vertu toute nue a l'air trop indigent (27).

Les Valaisanes ont des corps de robe si élevés, qu'elles en paraissent bossues (143). — Ces légumes ne paraissent pas cuits. — Plus j'acquiers de lumières en chimie, plus tous ces maîtres chercheurs de secrets et de magistères me paraissent cruches et butors (143).

§ II. — *Des Adjectifs déterminatifs.*

4e EXERCICE. (436 à 442.)

26. — Six personnes peuvent s'arranger autour d'une table de sept cent-vingt façons différentes ; sept, de cinq mille-quarante ; huit, de quarante mille-trois cent-vingt ; neuf, de trois cent-soixante-deux mille-huit cent-quatre-vingts ; et dix, de trois millions-six cent vingt-huit mille huit cents manières, sans que la même figure soit jamais répétée. — La première guerre que les Gaulois eurent contre les Romains fut vers l'an du monde trois mille-six cent-seize (159). — Les débris du colosse de Rhodes furent vendus à un marchand juif, qui en eut la charge de neuf cents chameaux. L'airain de ce colosse montait encore, près de huit cent-quatre-vingts ans après sa chute, à sept cent-vingt mille livres, ou à sept mille-deux cents quintaux (139).

---

27. — Fernand Cortès débarqua au Mexique l'an mil-cinq cent-dix-neuf. Il avait sous ses ordres neuf cents matelots, et cinq-cent huit soldats. — Ce fut vers l'an mille-six cent-cinquante-cinq du monde qu'arriva le dé-

luge universel. — En mil-sept cent-quatre-vingt, l'Amérique était en guerre pour la conquête de son indépendance. — Piron appelait les gazons du Louvre le *pré des quarante* (23). — Saint Louis partit à la tête de trois cent mille hommes, et dix-huit cents vaisseaux débarquèrent en Égypte (158). — En mil-cinq cent-trente-huit, il s'éleva près de Pouzzole une montagne de près de trois milles de circuit, et de deux mille-quatre cents pieds de haut; elle fut appelée *Montagne Neuve*. — Tel avec deux millions de rente peut être pauvre chaque année de cinq cent mille livres (88).

5e EXERCICE. (443 à 449.)

28. — Nulle route, nulle communication, nul vestige d'intelligence dans ces lieux sauvages (28). — Tout l'esprit qui est au monde est inutile à celui qui n'en a point : il n'a nulles vues, et il est incapable de profiter de celles des autres (88). — Les Grecs ne négligeaient aucuns moyens de former des hommes invincibles (118). — Sans provisions, sans prendre aucunes précautions, Cambyses part pour l'Éthiopie, et s'enfonce dans les déserts sablonneux qui l'environnent (6). — Cet avare n'avait aucun héritier, nul ami; sa mort n'excita nuls regrets, et on ne lui a rendu aucuns devoirs, ni fait aucunes funérailles. — Les Romains, dans leurs traités avec les rois, leur défendirent de faire aucunes levées chez leurs alliés (120).

---

29. — La mémoire est le dépôt universel des pensées et des paroles; quelques trésors qu'on amasse, si l'on man-

que de mémoire pour les conserver, ils sont perdus (155). — Une femme, quelques grands biens qu'elle porte dans une maison, la ruine bientôt si elle y introduit le luxe, avec lequel nul bien ne peut suffire (68).

Un meurtre, quel qu'en soit le prétexte ou l'objet,
Pour les cœurs vertueux fut toujours un forfait (44).

Mais, quels que soient ton culte et ta patrie,
Dors sous ma tente avec sécurité (31).

Créature, quelle que tu sois, et si parfaite que tu te croies, songe que tu as été tirée du néant, et que de toi-même tu n'es rien (24).

30.— . . . Vous, mon fils, *quels* que soient nos dangers,
Quelques nouveaux malheurs qui nous doivent atteindre,
Vous ne m'entendrez point murmurer, ni vous plaindre.
(170.) — (*Louis IX.*)

Une femme, quelle qu'elle puisse être, est une déesse pour des prisonniers (169). — Chaque mot, chaque articulation, chaque son, produisant différents mouvements dans les lèvres, quelque variés et quelque rapides que soient ces mouvements, on pourrait les distinguer tous les uns des autres (28). — Quelques savants traducteurs que vous consultiez, vous n'aurez point sur cet objet de réponse satisfesante. — Quelque savants traducteurs qu'ils soient, ils ne comprendront pas ce passage. Quelles que fussent habituellement la douceur et l'égalité de l'humeur de Montesquieu dans la société, la vivacité méridionale de son tempérament l'en fesait quelquefois sortir (8). — Cet homme, quelle que fût sa fortune ou son mérite, ne put réussir dans ses entreprises.

6e EXERCICE. (449 à 458.)

31. — Cicéron préféra à toute autre gloire celle d'être appelé le père de la maîtresse du monde (162). — Catilina avait une tout autre ambition.

Pour vous, vous méritez tout une autre fortune (72).

Quoique la noblesse de l'âne soit moins illustre, elle est tout aussi bonne, tout aussi ancienne que celle du cheval (28). — Toute amitié qui n'est pas fondée sur la vertu n'est pas durable. — Elle est tout amitié, tout ame. — La puissance exécutrice était tout entière entre les mains des éphores. — Ses cheveux étaient tout blancs, et sa physionomie noble et simple (18). — A peine Lulli trouva-t-il des hommes qui pussent exécuter ses symphonies, toutes simples qu'elles étaient (162). — Je ne croirais pas ce fait s'il m'était attesté par toute autre personne que vous (134). — La volupté n'est point dans la bonté des aliments exquis, elle est toute en nous (104).

Votre ame, en m'écoutant, paraît tout interdite (134).

Une société toute aplanie et toute nivelée n'est pas plus capable de se défendre contre les révolutions qu'un pays plat contre les invasions.

---

32. — La nature a pour tous les yeux des charmes tout puissants, lorsqu'ils se trouvent réunis : c'est la jeunesse et la beauté. — Toute précieuse, tout honorable qu'est la science, elle ne doit pas être acquise aux dépens de la vertu. — La vertu est le souverain bien, toute autre ri-

chesse est illusoire. — Bien que sa vertu jetât un fort grand éclat au dehors, c'était tout autre chose au dedans (21). — Toute autre chose me conviendrait mieux que ce que vous me proposez. — Comme tous ses regards, toutes ses pensées seraient attachées sur toi pour prévenir tes moindres peines! Elle serait tout amour, tout innocence devant toi (34). — Tout Smyrne ne parlait que d'elle (88). — Toi, favori d'Apollon! m'écriai-je en riant; voilà ce que je n'aurais jamais deviné, je serais moins surpris de te voir tout autre chose (104). — Il sera d'autant plus content de votre aimable nièce, qu'il aime, plus que toute autre chose, la danse et le chant (104).

Les acteurs de Thespis, tout barbouillés de lie,
Promenaient sur des chars Melpomène avilie (142).

Comme Caïus Gracchus était près de sortir de sa maison, sa femme tout en pleurs accourut pour l'en empêcher (159).

Parler et offenser pour de certaines gens est précisément la même chose (88). — Telles gens, tels patrons (88). — La réputation de certains gens de bien vaut mieux qu'eux. — Quelles excellentes gens! quels braves gens! — Toutes ces bonnes gens nous ont comblés de politesses.

SECTION II. — CONSTRUCTION.

7e EXERCICE. (458 à 462.)

33. — Chemin raboteux, robe noire, noire envie, grenier supérieur, lieu inaccessible, style inimitable, bouche ovale, fosse inodore, lecture choisie, mauvaise habi-

tude, aimable abandon, trompeuse espérance, harpe sonore, avocat expérimenté, renommé buveur, mort affreuse, sombre jalousie, adroit fripon, grand homme, nouvelle certaine, galant homme, sombre alcove.

SECTION III. — EMPLOI.

§ I. — *De l'Adjectif qualificatif.*

8e EXERCICE. (463 à 475.)

34. — Quand on est chrétien, de quelque sexe qu'on soit, il n'est pas permis d'être lâche (68). — Donnez-m'en un peu. — Il n'y a que Racine qui soutienne constamment l'épreuve de la lecture. — On voit peu de nains qui soient bien faits. — Au milieu de ce désordre, nous prenions nos amis pour nos ennemis. — Nous avons assisté au repas du roi. — Nous avons fait un repas de roi. — Le préfet envoya une lettre d'avis aux maires et aux sous-préfets. — Il sentit qu'il ne pouvait abandonner son père et sa mère (162). — C'est aux mains d'Ulysse qu'on doit la chute de ces hautes et superbes tours (68).

Chiens, berger et troupeau, tout fuit vers le village (72).

La topaze du Brésil est estimée. — Les fruits d'Amérique sont excellents. — Nous avons reçu beaucoup de fruits de l'Amérique. — La véritable encre de Chine est chère.

35. — Le vernis de la Chine est le plus estimé. — Le bois de Brésil est d'un grand usage dans la teinture. — L'étude de la géographie de la France doit précéder celle de l'histoire de France.

L'histoire de France est intéressante.—L'objection qu'on a le plus souvent répétée contre le mouvement de la terre, c'est que les oiseaux en l'air devraient voir la terre s'enfuir sous leurs pieds (171). — Les Chaldéens, les Indiens, les Chinois, me paraissent les plus anciennement policés (162). — Les goûts les plus naturels doivent être aussi les plus simples, car ce sont ceux qui se transforment le plus aisément (143).

36. — J'admirais les coups de la fortune, qui relève tout-à-coup ceux qu'elle a le plus abaissés (68). — On ne savait pas à quoi elle était le plus propre, ou à commander ou à obéir (24). — Il paraît que c'est celle qui a été la plus vertueuse, et qu'il a aimée le plus tendrement. (134). — La Lune n'est pas la planète la plus éloignée de la Terre. — La Lune est dans son apogée lorsqu'elle est le plus éloignée de la Terre. — La terre la mieux cultivée produit quelquefois des ronces et des épines. — Quels sont les pays où la terre est le mieux cultivée? — Le blé est de toutes les plantes celle que l'homme a le plus travaillée; il est aussi, de toutes, celle dont la nature est le plus altérée (28).

C'est dans la diversité caractéristique des espèces que les intervalles des nuances de la nature sont le plus sensibles et le mieux marqués; on pourrait même dire que ces intervalles entre les espèces sont les plus égaux et les moins variables de tous (28.)

§ II. — *De l'adjectif déterminatif.*

9ᵉ EXERCICE. (476 à 483.)

I. — *De, du, de l', de la, des.*

37. — Nous n'avons pas assez de force pour suivre notre raison (138).

De grands talents font toujours un grand nom.
Oui, j'y consens; mais beaucoup d'amis? Non (142).

Parmi ce bruit confus de plaintes, de clameurs,
Henri, vous répandiez de véritables pleurs (162).

Toujours chez elle. . . . . . .
De longs soupers, et des chansons nouvelles,
Et des bons-mots encore plus plaisants qu'elles (162).

On pêche de beau corail près d'Ajaccio. — La Chine, proprement dite, présente partout de vastes plaines et des collines parfaitement cultivées. — Trop de lecture ne sert qu'à faire de présomptueux ignorants (143).

À Tuscule, à Tibur, aussi bien que dans Rome,
De grands hommes toujours écoutaient un grand homme. (50)

---

38. — Proposons-nous de grands exemples à imiter plutôt que de vains systèmes à suivre (143).

C'est de sang qu'ils ont soif, c'est du sang qu'ils demandent. (50)

Je ne vous écrirai point des lettres inutiles, mais je tâcherai de faire des choses utiles qui puissent vous amuser (162). — Des hommes couronnés de fleurs l'écoutaient avec plaisir et admiration (68). — Le maître ne doit point donner des préceptes ; il doit les faire trouver (143.) — Les Romains n'avaient pas, comme les Grecs, des magistrats particuliers, qui eussent inspection sur la conduite des femmes (120). — Les Chananéens furent détruits, parce que c'étaient de petites monarchies qui ne s'étaient point confédérées, et qui ne se défendirent pas en commun. C'est que la nature des petites monarchies n'est pas la confédération (120).

---

39. — Après la mort d'Attila, son empire fut dissous : tant de rois qui n'étaient plus contenus ne pouvaient point reprendre de chaînes (120). — La vaste mer était couverte de navires (68). — Ne rougis point de profiter des bons conseils (41). — Les soldats d'Aratus étaient pour la plupart de jeunes gens et de jeunes gens pauvres (139). — Duguesclin encore enfant s'amusait, dans les avenues du château de son père, à représenter des siéges et des combats avec de petits paysans de son âge (34).

---

40. — Un bon législateur n'ordonne pas toujours des peines pécuniaires ; il n'inflige pas toujours des peines corporelles (120). — Si dans un état les richesses sont également partagées, il n'y aura point de luxe (120).

Je ne vous ferai point des reproches frivoles (134).

Madame, je n'ai point des sentiments si bas (134).

... Juifs n'adorèrent plus de ...

... si généreux,
... malheureux (162).

... d'épis jaunissants et d'es- ... tomber sous la faux tranchante; ... et les présentaient à ... (12).

... (483 à 491).

... — Emploi de l'adjectif déterminatif : *le, la, les*, ou ... déterminatif possessif : *mon, ma, mes, ton*, ...

... attachais à me perfectionner le goût, et, pour y ... écoutais avec attention ce que disaient les co- ... (104).

... corps a frémi, dans son désordre affreux.
Elle meurtrit son sein, arrache ses cheveux (50).
— Fermez vos yeux, et bouchez-vous le nez (162).

... faut toujours qu'un général ait la tête froide et le cœur ... (162).

... de l'adjectif déterminatif :

... fils aîné était le chef de la maison : ses frères et ... ne s'asseyaient jamais devant lui (111). — Le père du Tertre dit expressément que si tous les nègres sont camus, c'est que les pères et mères écrasent le nez à leurs enfants (28).

Emploi de l'adjectif déterminatif, *son, sa, ses*, ou *leur, leurs :*

Les soldats ont fait des prodiges de valeur, chacun sous ses drapeaux (57). — Les langues ont chacune leurs bizarreries (21). — Thierry chargea Uncellisius d'aller porter ses ordres aux mutins, et de les faire retirer chacun sous ses drapeaux (158). — La nature semble avoir partagé des talents divers aux hommes, pour leur donner à chacun leur emploi, sans égard à la condition dans laquelle ils sont nés (143). — Les abeilles dans un lieu donné, tel qu'une ruche, ou le creux d'un vieux arbre, bâtissent chacune leur cellule (28).

EXERCICE DE RÉCAPITULATION.

42. — En moins d'une heure et demie les voitures à vapeur de Manchester à Liverpool parcourent un espace de trente-deux milles et demi.— Hans Sloane assure qu'à la Barbade les mouettes vont se promener en troupes à plus de deux cents milles de distance, et qu'elles reviennent le même jour (28). — Dans les quatre parties que je viens de jouer, je n'ai fait aucune levée. — Si les ennemis viennent de perdre une bataille où il soit demeuré sur la place quelque neuf à dix mille hommes, il (le nouvelliste) en compte jusqu'à trente mille ni plus ni moins (88). — Un titre, quel qu'il soit, n'est rien, si ceux qui le portent ne sont grands par eux-mêmes (162). — Le chien n'a nulle ambition, nul intérêt, nul désir de vengeance, nulle crainte que celle de déplaire; il est tout zèle, tout ardeur, tout obéissance (28).

43. — Faute d'aliment solide, la curiosité des filles mal instruites et inappliquées se tourne toute avec ardeur vers les objets vains et dangereux (68).

Ses ouvrages tout pleins d'affreuses vérités,
Étincellent partout de sublimes beautés (21).

Quoique cette domestique ne reçoive aucuns gages, n'ait aucune espérance d'en avoir, elle est toute dévouée à ses maîtres, quelle que soit l'inégalité de leur humeur. — Tout aimable et toute bonne qu'était la feue reine, elle avait beaucoup d'ennemis. — Il arma vingt mille hommes d'infanterie, tous gens aguerris et expérimentés (159). — La probité et la discrétion de Cratès étaient si connues, que toutes les maisons lui étaient ouvertes, à quelque heure qu'il se présentât. — La dureté d'un gouvernement peut aller jusqu'à détruire les sentiments naturels par les sentiments naturels mêmes (120). — On doit envoyer franc de port les lettres et paquets.

---

44. — Les princes avides et sans prévoyance ne songent qu'à charger d'impôts ceux de leurs sujets qui sont les plus vigilants et les plus industrieux pour faire valoir leurs biens (68). — On doit se défier des passions, lors même qu'elles paraissent le plus raisonnables (138). — Anderson dit à Gustave qu'il serait aisé de faire un crime d'état à ces évêques de leur résistance, et de les bannir ensuite du royaume avec tous ceux qui paraîtraient le plus attachés à l'ancienne religion (159). — Le Thibet est couvert

de montagnes qui sont les plus hautes que l'on connaisse? — Je les ai vus souvent autour de quelques outres remplies de vin, et frottées d'huile à l'extérieur; des jeunes gens sautaient dessus à cloche-pied et par des chutes fréquentes excitaient un rire universel (12). — Quand le sang me monte à la tête, j'ai les yeux tout rouges, et mon mal de tête me reprend.

CHAPITRE IV.

DU PRONOM.

§ I. — *Pronoms subjectifs.*

1er EXERCICE. (490 *bis* à 496.)

45. — 1° Le bitume, qui est une liqueur épaisse, lie plus fortement que le mortier, et devient beaucoup plus dur que la brique et la pierre, auxquelles il sert de ciment (139).

Pour instruire des enfants, il faut une douceur, une patience, une persévérance sans laquelle il n'est point de véritable succès.

Lesquels de ces bonnes gens doivent m'accompagner?

2° Veillé-je? Puis-je croire un semblable dessein (134)?

Nous sommes vaincus; toujours nous sommes-nous courageusement défendus.

Je [illegible] épuisé de fatigue, et j'ai besoin de repos. — A[illegible]s-tu te reposer tout à ton aise (113).

[illegible]e manquait pas d'esprit, mais il était d'une ignorance cr[illegible]se : à peine savait-il lire et écrire (104).

[illegible]rbal et moi, nous admirâmes la bonté des dieux (68).

Lui et moi nous vous écrirons souvent.

Voilà l'homme en effet : il va du blanc au noir,
Il condamne au matin ses sentiments du soir :
. . . .
Il change à tous moments d'esprit comme de robe :
Il tourne au moindre vent, il tombe au moindre choc :
Aujourd'hui dans un casque et demain dans un froc.

(21)

J'aime les gens de cœur, et ne puis souffrir les lâches (143).

L'amour-propre des sots excuse celui des gens d'esprit, mais ne le justifie pas (105).

Moi, je m'arrêterais à de vaines menaces (134)!

Après la bataille de Leuctres, Épaminondas ayant rendu la liberté à la Messénie, que les Spartiates tenaient asservie depuis long-temps, leur ôta les moyens de se recruter dans cette province (12).

Samuel offrit à Dieu son holocauste, qui le trouva si agréable, qu'il dissipa en un instant l'armée des Philistins.

[illegible]e présente mes civilités à M. P., et lui fais savoir que [illegible] verrai demain à cinq heures chez son frère, où je [illegible]entretiendrai de l'affaire qui l'intéresse.

---

§ II. *Pronoms complétifs.*

2e EXERCICE. (497 à 513.)

46.— Tenez, monsieur, battez-moi plutôt, et me laissez rire tout mon soûl ; cela me fera plus de bien (119).

Tu trahis mes bienfaits, je les veux redoubler (42).
Qui chérit son erreur ne la veut pas connaître (42).
Ce qui fonde un état le peut seul conserver (162).

1° *Soi, — lui, elle.*

Un homme peut parler avantageusement de soi lorsqu'il est calomnié (162).

Aucun n'est prophète chez soi (72).

Ce divin modèle que chacun porte avec soi nous enchante (143).

. . . Pourquoi, vers le Soleil notre globe entraîné
Se meut autour de soi sur son axe incliné (162)?

Dieu lui (à Abraham) jura par soi-même, et par son éternelle vérité, que de lui et de cette femme naîtrait une race qui égalerait les étoiles du ciel et le sable de la mer (24).

Qui choisit mal pour soi, choisit mal pour autrui (42).
Tout bienfait avec lui porte sa récompense (67).

Que de profanations les armes traînent après soi (144)!

2° *Y, — lui, leur, à lui, à elle, à eux.*

47. — J'épouve une si grande douleur que je crains de

ne pouvoir y résister. — Le temps détruit tout, et le marbre et le bronze : rien ne peut lui résister. — La prise de Rome par les Gaulois ne lui ôta rien de ses forces (120). — Chaque épreuve d'une estampe a ses défauts particuliers qui lui servent de caractère (143). — Un travail assidu est le remède contre l'indigence : si l'on manque d'y avoir recours, elle devient une juste punition de la fainéantise. — C'est lorsque nous sommes éloignés de notre pays que nous sentons surtout l'instinct qui nous y attache (34). — La modestie est au mérite ce que les ombres sont aux figures dans un tableau : elle lui donne de la force et du relief (88). — Les eaux de Barèges sont très-estimées, je leur suis redevable de la santé (98). — Regardez chaque jour comme le dernier de votre vie : ce que Dieu y ajoutera ne vous en sera que plus agréable. — La bêtise ne mérite le mépris que lorsque la vanité s'y joint : le boiteux est plus ridicule lorsqu'il court (105).

3° *En*, — *de lui*, *d'elle*, *d'eux*, *d'elles*, *de cela.*

48. — Des pays autrefois contigus à la mer en sont aujourd'hui très-éloignés. — Il est plus honteux de se défier de ses amis que d'en être trompé (138). — J'aime trop ma mère, pour m'éloigner d'elle; je ne m'en séparerai jamais. — Madame de Maintenon mérite bien que vous lui fassiez quelques remercîments, ou du moins que vous fassiez d'elle une mention honorable qui la distingue de tout son sexe, comme elle en est distinguée de toute manière (134). — On doit se taire sur les puissants : il y a presque toujours de la flatterie à en dire du bien ; il y a du péril à en dire du mal quand ils vivent, et de la lâcheté quand ils sont morts (88). — C'est détrôner Dieu, c'est l'anéantir

lui-même que d'en faire le Dieu du néant (114). — Les plus grands fleuves diminuent par les ruisseaux qu'on en tire. — Catulle était de Vérone : son talent pour la poésie le fesait aimer et rechercher des gens d'esprit. Cicéron fesait de lui un cas tout particulier. — Combien d'hommes admirables, doués d'un grand génie, sont morts sans qu'on ait parlé d'eux.

Imposer, en imposer.

49. — Sans vouloir imposer par ses opinions,
Il ne parle jamais que par des actions (53).

Combien nous imposent ces cheveux blancs d'un vieillard ! — Il est honteux d'en imposer ainsi aux gens. — Voltaire, en parlant de Louis XIV, qui entra au parlement en grosses bottes et le fouet à la main, dit : Sa taille majestueuse, la noblesse de ses traits, le ton et l'air de maître dont il parla, imposèrent plus que l'autorité de son rang, qu'on avait jusqu'alors peu respectée.

Je sens avec effroi, dans le rang où nous sommes,
Combien il est affreux d'en imposer aux hommes (174).

4° *En* accompagné de *le, la, les, — son, sa, ses, leur, leurs.*

Si l'on a reçu de l'orgueilleux le moindre bienfait, il ne veut pas qu'on en perde le souvenir (88). — Le temps de la vie est illimité ; la perte qu'on en fait est irréparable : les belles actions en prolongent le cours dans la mémoire (61). — Si la religion était l'ouvrage de l'homme, elle en serait le chef-d'œuvre. — Si les grands ont l'éclat du marbre, ils ont sa dureté (155).—Le commerce est comme certaines sources ; si vous voulez en détourner le cours, vous les faites tarir. — C'est parce que l'or est rare que l'on a inventé la dorure, qui, sans en avoir la solidité, en a tout le brillant. Ainsi, pour remplacer la bonté qui nous manque, nous avons imaginé la politesse, qui en a toutes les apparences (165). — Soyez moins épineux dans la société ; c'est la douceur des mœurs, c'est l'affabilité qui en fait le charme (162).

---

50. — Maîtres de l'univers, les Romains s'en attribuèrent tous les trésors (120). — C'est ébranler les fondements d'un état que d'en changer les lois (159). — Le grand nombre de divisions, loin de rendre un ouvrage plus solide, en détruit l'assemblage (28). — La colère est une courte frénésie ; comprimez ses mouvements : quand elle n'obéit pas, elle commande. — Jésus-Christ ne meurt que pour rendre témoignage à la vérité, il en est le premier martyr (114). — Dans l'histoire naturelle, il faut fouiller les archives du monde, tirer des entrailles de la terre les vieux monuments, recueillir leurs débris (28). — Sylla, familier surtout avec ses simples soldats, en prenait les manières grossières, buvait avec eux, les raillait, et souffrait avec plaisir d'en être raillé (159). — Notre œil rapetisse toutes les qualités d'autrui, et grossit tous ses défauts. — Quel règne plus glorieux que celui de Salomon ! Quelle gloire et quelle magnificence environnaient son trône ! La piété en avilissait-elle la majesté (114) ? — Le philosophe consume sa vie à observer les hommes, et il use ses esprits à en démêler les vices et les ridicules (88). — Quoique l'enceinte de Rome ne fût pas à beaucoup près si grande

qu'elle l'est à présent, les faubourgs en étaient prodigieusement étendus (120). — La bonté, la douceur, loin de s'opposer à la gloire, en sont à la fois la base et l'ornement (150).

Néron, bourreau de Rome, en était l'histrion (50).

---

51. — Le carrosse me parut être celui de mon fils, ce l'était en effet (51). — Sont-ce bien là vos livres? — Je vous assure que ce les sont.

Le, la, les.

52. — Si le public a eu quelque indulgence pour moi, je le dois à votre protection (40). — Catherine de Médicis était jalouse de son autorité, et le devait être (176).

On vous croyait quelque fille des dieux.
— Et je le suis; mon nom est Polymnie (113).

Ne me trompé-je point en vous croyant ma nièce?
— Oui, monsieur, je la suis (177).

Voyez Aigues-Mortes, Fréjus, Ravenne, qui ont été des ports, et qui ne le sont plus (162). — Vous êtes, dites-vous, les envoyés du prince; prouvez-le. — Voici des papiers qui attestent que nous les sommes. — Si c'est effacer les sujets de haine que vous avez contre moi, que de vous recevoir pour ma fille, je veux bien que vous la soyez (72). — Ils se disent envoyés du prince, et ils le sont en effet.

Miracle, criait-on, venez voir dans les nues
Passer la reine des tortues. —
La reine, vraiment oui, je la suis en effet (72)

53. — Demandez, s'il est possible que, dans un état, la classe des hommes soit vertueuse, sans que celle des femmes le soit aussi (12). — Rectifiez vos pensées ; quand elles seront pures, vos actions le seront aussi. — L'intention de ne jamais tromper nous expose à être souvent trompés (138). — L'empire de Russie voudra subjuguer l'Europe, et sera subjugué lui-même (143). — Ceux-là ne se donnent pas la peine d'instruire un peuple qui ne veut pas être instruit, et qui ne le mérite pas (162).—Un évêque demandait à M. de Vermandois, encore enfant, quel âge il avait : — cinq ans, lui, répondit le prince.— Montrez-les moi : on peut montrer ce qu'on a.— Montrez-moi les vôtres, repartit-il, je vous montrerez les miens.

Là, regardez-moi là durant cet entretien,
Et jusqu'au moindre mot, imprimez le-vous bien (119).

Si vous allez à la campagne, emmenez-y-moi, ou promettez-moi de venir me chercher (12). — Il veut que je vous voie, et vous ne le voulez pas (134). — Combien de grands monuments s'en sont allés en poussière (2) !

§ III. — *Pronoms conjonctifs.*

3e EXERCICE. (514 à 528.)

Qui, que, — lequel, laquelle, lesquels, lesquelles.

54. — Il y a (dans Plutarque) des considérations attachées aux personnes, qui font grand plaisir (120). — L'Arabie Pétrée est une terre morte, et, pour ainsi dire, écor-

chée par les vents, laquelle ne présente que des ossements, des cailloux jonchés, des rochers debout ou renversés (28). —Vous voyez ici les historiens de l'empire d'Allemagne, qui n'est qu'une ombre du premier empire, mais qui est, je crois, la seule puissance de la terre que la division n'a point affaiblie; la seule, je crois encore, qui se fortifie à mesure de ses pertes, et qui, lente à profiter des succès, devient indomptable par ses défaites (120). — J'ai lu avec plaisir cet ouvrage composé par une personne versée dans les sciences qui ont la nature pour objet. — On frappe: qui est là? Qui est-ce qui frappe?—A-t-on nommé un capitaine? Qui est-ce qu'on a nommé? — Tel pense être bien instruit qui ne l'est point (68).—Tels étaient pieux, sages, savants, qui par cette mollesse inséparable d'une trop riante fortune, ne le sont plus (88). — C'est une affaire difficile, que je crois cependant pouvoir terminer heureusement (159).

A qui, — auquel, à laquelle, auxquels, auxquelles.

55. — Il y a du plaisir à rencontrer les yeux de celui à qui l'on vient de donner (88). — Le paon cache ses trésors à qui ne sait pas les admirer (28). — Les Lapons danois ont un gros chat noir auquel ils confient tous leurs secrets, et qu'ils consultent dans leurs affaires (28). — Qui sait, si l'espèce humaine était anéantie, auquel d'entre les animaux appartiendrait le sceptre de la terre (28)? — Il y a des personnes à qui les défauts siéent bien, et d'autres qui sont disgraciées par leurs bonnes qualités (138). — Il n'y a rien, jusqu'à la vérité même, à qui un peu d'agrément ne soit un peu nécessaire (74). — Ces enfants m'interrogeant tous à la fois, je ne savais auquel en-

tendre. — Chacun m'accablait de tant de questions que je ne savais à qui entendre.

Qui, — *lequel*, *laquelle*, *lesquels*, *lesquelles*, précédées d'une préposition.

56.— Pour prévenir les trahisons des soldats, les empereurs s'associèrent des personnes en qui ils avaient confiance (120).

Je pardonne à la main par qui Dieu m'a frappé (161).

La religion et le gouvernement politique sont les deux points sur lesquels roulent les choses humaines (24).

Où, — *auquel*, *sur lequel*, etc.

Chacun a son défaut, où toujours il revient (72).

L'univers est un trône où siége l'Éternel (162).

Dont, — *de qui*, *duquel*, *de laquelle*, *desquels*, *desquelles*, *d'où*.

Les imbécilles, dont l'ame est sans action, rêvent comme les autres hommes (28).

Les chrétiens n'ont qu'un Dieu, maître absolu de tout,
De qui le seul pouvoir fait tout ce qu'il résout (42).

Le doute est une mer agitée dont la religion est le seul port (105). — Lafontaine laissa un fils de l'éducation et de la fortune duquel M. le président de Harlay avait pris soin. — L'ennui est une maladie dont le travail est le remède (105). — D'après l'invitation du roi de Suède, Regnard a entrepris le voyage de la Laponie, dont il a donné une fort bonne description. — Une ame insensible est un clavecin sans touches, dont on chercherait en vain à tirer des sons (88).

---

57. — Du sang dont vous sortez rappelez la mémoire (134).

L'homme de génie fait sortir un fleuve de la même source d'où l'homme de talent ne tirerait qu'un ruisseau. — Rome accrut beaucoup ses forces par son union avec les Sabins, peuples durs et belliqueux comme les Lacédémoniens, dont ils étaient descendus (120).

Que, — à qui, dont, où, d'où.

C'est des vastes forêts de la Pologne et de la Moscovie que nous avons tiré les abeilles. — Ce fut d'une retraite de voleurs que sortirent les conquérants du monde (159). — Ce n'est point dans les noms que réside l'honneur (83). — C'est à la nécessité que l'architecture doit sa naissance, mais c'est du luxe qu'elle a reçu ses embellissements. — Quintus abdiqua la dictature le seizième jour qu'il en avait été revêtu (159).

§ IV. — *Pronoms démonstratifs.*

4e EXERCICE. (529 à 549.)

Ce, cela, — il, elle, ils, elles.

58. — 1° Le succès du *Cid*, tragédie de Corneille, fut tel que, pour louer en ce temps-là une belle chose, il

était passé en proverbe de dire : Cela est beau comme le *Cid*. — Si tu ne te rends pas à cette invitation, cela sera malhonnête. — Cela est autre chose (104). — Oh! monsieur, avoir un carrosse à soi ou être obligé d'emprunter ceux de ses amis, cela est bien différent (104). — Quand vous ne m'écririez que dix ou douze lignes, cela me fera toujours plaisir (134).

Un tien vaut, ce dit-on, mieux que deux tu l'auras :
L'un est sûr, l'autre ne l'est pas (72).

L'étendue de la mer est aussi grande que celle de la terre ; ce n'est point un élément froid et stérile : c'est un nouvel empire aussi riche, aussi peuplé que le premier (28). — Fuyez tout homme curieux, c'est à coup sûr un indiscret. — Les astronomes, qui prétendent connaître la nature des étoiles fixes, assurent que ce sont autant de soleils (163). — Il est beau de se vaincre soi-même.

Voici, voilà.

59. — 2° Voici les biens que je désire :
Un cœur sensible et généreux,
Un ami pour me rendre heureux,
Et du bon sens pour me conduire (184).

Aimer et s'occuper, voilà le vrai bonheur (51).

C'est — est.

La base des vertus, c'est l'amour filial. — L'un des meilleurs remèdes contre nos propres chagrins, c'est de chercher des consolations pour les chagrins des autres (62). — Aimer est un bonheur, haïr est un tourment (150). —

Le vrai moyen d'être trompé, c'est de se croire plus fin que les autres (138).

A quoi — ce à quoi.

Vendre des esclaves comme on vend des animaux, c'est ce à quoi l'intérêt seul a pu forcer les hommes. — Les maladies de l'ame sont les plus dangereuses; nous devrions travailler à les guérir; c'est à quoi cependant nous ne travaillons guère.

---

60. — 3° La vie de l'oiseau aquatique est plus paisible et moins pénible que celle de la plupart des autres oiseaux (28). — L'étude de la langue grecque, ainsi que celle de la langue latine, est reconnue nécessaire dans nos colléges.

Celui-ci, celle-ci, — celui-là, celle-là.
Ceux-ci, celles-ci — ceux-là, celles-là.

Tel est l'avantage ordinaire
Qu'ont sur la beauté les talents;
Ceux-ci plaisent dans tous les temps,
Celle-là n'a qu'un temps pour plaire (162).

L'ombre de la Terre sur la Lune, quand celle-ci est éclipsée, se présente toujours sous une forme circulaire, ce qui prouve que notre globe est rond. — Les protestations de bouche furent encore plus fortes que celles par écrit (162). — La lettre pour l'Académie et celle au secrétaire sont à cachet volant (162).

On — l'on.

61. — On relit tout Racine, on choisit dans Voltaire (50).

Quand on sent que l'on plaît, on en est plus aimable (178).

On ne peut être agréable dans la conversation, si l'on n'a beaucoup d'esprit pour la soutenir (143).

Ce que l'on conçoit bien s'énonce clairement.

Il y a des défauts que l'on cache soigneusement et des habitudes que l'on quitte avec peine. — Si l'on veut être aimé, il faut que l'on soit aimable. — On ne doit jamais faire de confidence qu'à ceux qui peuvent nous servir dans ce qu'on leur confie (162). — Les violettes et les lis n'ont qu'un temps, dit Ovide : la rose tombe et l'épine reste : tel est le sort de la beauté, si l'on n'y joint la sensibilité du cœur et les graces de l'esprit (150).

L'un, l'autre — l'un et l'autre — les uns, les autres, etc.

62. — Ils s'aiment l'un et l'autre, et nos moindres guerriers
Se promettent déjà des moissons de lauriers (134).

Les hommes sont faits pour se secourir les uns les autres (162). — Les deux seuls malheurs véritables que je connaisse sont la perte de l'objet qu'on aime le plus, et la perte du repos de sa conscience. Eh bien! le ciel a chargé le temps d'adoucir l'une, et le repentir de réparer l'autre (150).

—

C'est une preuve de peu d'amitié de ne pas s'apercevoir du refroidissement de celle de nos amis (138). — Si vous êtes si touché de curiosité, exercez-la du moins sur un sujet noble (88). — Si vous voulez qu'on vous fasse justice, rendez-la vous-même aux autres.

EXERCICE DE RÉCAPITULATION.

63. — Cette gravure n'est pas entièrement finie, je dois y ajouter quelque ornement. — Le méfiant juge les hommes par lui-même et les craint; le défiant en pense mal, et en attend peu (88). — Comme on conseillait à Philippe, père d'Alexandre, de chasser de ses états un homme qui avait mal parlé de lui : Je m'en garderai bien, dit-il, il irait partout médire de moi. — Il faut ignorer profondément l'essentiel de la religion pour ne pas voir qu'elle est tout historique; c'est par un tissu de faits merveilleux que nous prouvons son établissement (68). — Que de travaux n'exige pas la recherche des faits en tous genres qui doivent entrer dans l'histoire complète d'une nation ! Il faut remonter jusqu'à son origine, fixer l'époque de sa naissance, suivre ses progrès, marquer ses révolutions, débrouiller ses lois, saisir les véritables causes des grands évènements, en démêler les conséquences et les suites (175).

Moi-même en ce moment j'étais toute saisie,
Et je le suis encore (178).

---

64. — Le crime traîne toujours certaine bassesse après soi, dont on est bien aise de dérober le spectacle au public (114). — Une mère et une femme romaines peuvent-elles exiger avec bienséance d'un fils et d'un mari des choses

qui les déshonoreraient devant les dieux et devant les hommes (159)? — Il a fallu avant toutes choses vous faire lire, dans l'Ecriture, l'histoire du peuple de Dieu, qui fait le fondement de la religion (24). — Ne dédaignons pas de jeter les yeux sur un état par lequel nous avons tous commencé (28). — Un homme de mérite est un soleil dont les rayons échauffent, brillent, éblouissent à mesure qu'on s'en approche (61). — L'amour-propre est un ballon gonflé de vent dont il sort des tempêtes quand on y fait une piqûre (162). — Cette éternelle constance dont parlent à chaque page nos vieux romans, a rendu leur lecture insipide (71).

---

65. — Celui qui règne dans les Cieux, de qui relèvent tous les empires, à qui seul appartient la gloire, la majesté et l'indépendance, est aussi le seul qui se glorifie de faire la loi aux rois, et de leur donner, quand il lui plaît, de grandes et terribles leçons (24). — La crainte des pirates avait fait bâtir plus d'un monastère sur des rochers presque inaccessibles, du haut desquels les solitaires voyaient à leurs pieds la tempête et le naufrage (160). — C'est à votre père et à votre mère que vous devez la vie : c'est d'eux que vous tenez tout ce dont vous avez besoin. — L'accessoire chez Cicéron, c'était la vertu ; chez Caton, c'était la gloire : celui-là voulait sauver la république pour elle-même ; celui-ci pour s'en vanter (120).

La vie est un dépôt confié par le ciel ;
Oser en disposer, c'est être criminel (83).

Celui-là est riche qui reçoit plus qu'il ne consume ; celui-là est pauvre dont la dépense excède la recette (88).

Nota. *Consomme* serait le mot propre.

Dans quelque [illegible] que le malheur habite, on ne le trouve jamais dans les lieux déserts, [illegible] ceux qui sont éloignés du séjour de l'homme (28).

CHAPITRE V.

DU VERBE.

SECTION PREMIÈRE.

Accord du verbe avec son sujet (550 à [illegible]).

EXERCICE (550 à 559).

66.—Souvent la négligence ou l'infâme avarice
A fait de tous les maux l'épouvantable hospice (50).

Les jeux que les enfants aiment le mieux sont ceux où le corps est en mouvement; ils sont contents pourvu qu'ils changent souvent de place : un volant ou une boule suffit (68).

Le physicien et le poëte sont dignes d'être comparés : l'un et l'autre remontent au-delà de toutes les traditions (73).

Et lorsque la fureur va jusqu'au sacrilége,
Le sexe ni le rang n'ont point de privilége (42).

Le travail, la vertu pleurent sans récompense (162).

La force de l'ame, comme celle du corps, est le fruit de la tempérance (113). Un orateur, un écrivain doit avoir [illegible] érieuse de [illegible] (12). — Abnekis et [illegible] aimés av[illegible] la force et le feu que [illegible] l'amitié la jeu[illegible] la pauvreté. — Ces beau[illegible] elles montrent [illegible] innocence, une modestie, [illegible] qui [illegible] (151) [illegible]

[illegible] vous déclare que vous ou moi sortirons d'ici [illegible] peu que vous ou mademoiselle Vitard [illegible] (34). Je voudrais que vous et moi en [illegible] (68). — L'empire sur tous les animaux, comme tous les autres empires, n'a été fondé qu'après la [illegible] (68). — De cet assemblage d'uniformité et de di[illegible] qui s'étend jusqu'à l'infini, dérivent l'ordre et la [illegible] l'univers. — La bonté, la pureté du grain peut suppléer aux défauts naturels du terroir. — Quand la sa[illegible] la vertu parlent, elles calment toutes les passions (6[illegible]). — La raison supporte les disgraces, le courage [illegible] la patience et la religion les surmontent (151). Votre [illegible] est fait pour vous, et il n'est pas si mauvais, puisque vous et vos compagnons n'avez jamais voulu le [illegible] (162). — Si vous refusez la paix et la justice qui [illegible] à tous, la paix et la justice seront vengées (68). — L'élégance de Phèdre, sa pureté, sa précision, sont [illegible] siècle d'Auguste (9[illegible]).

[illegible] — Les [illegible] doivent être simples, courtes et familières, [illegible] ni la multitude des paroles n'y valent rien (2[illegible]). — Une pâleur de défaillance, une sueur froide se répandent sur tous ses membres (68). — La philosophie, comme la [illegible], nous enseigne qu'on [illegible] peut [illegible] que [illegible]. — L'amour des richesses et le luxe entrèrent dans Rome avec les trésors des provinces conquises, et cette pauvreté et cette tempérance qui avaient formé tant de grands capitaines, tombèrent dans le mépris (159). — Une [illegible] qui vient de ceux qui sont au-dessus de nous, [illegible] fait haïr, mais un salut ou un sourire nous les réconcilie (88). — Il faut, de toute nécessité, qu'un gouvernement monstrueux (la tyrannie) finisse tôt ou tard, parce que la haine ou le mépris qu'il inspire doit venger [illegible] des nations outragées (12). — Vous serez bien aise, madame, d'apprendre que mon séjour me charme de plus en plus; vous ou moi changerons beaucoup, ou je [illegible] rai jamais (143).

Qui, sujet du verbe.

2ᵉ EXERCICE. (559 à 565.)

69.—Il s'enferma pendant quelques jours, et ne voulut voir personne que moi, qui me conformant à sa douleur, parus aussi touché que lui (104). — Il n'y eut que moi qui espérai la victoire (68). — O conservatrice de l'univers, maternelle Providence! c'est toi qui adoucis la férocité de la lionne, qui nourris ses lionceaux (54). — Je fus le premier qui tirai un peu d'or de la [illegible]. — Ce n'est pas moi, c'est mon frère qui est doyen du chapitre (120). — Le passage du Rhin est une des plus merveilleuses actions qui aient jamais été faites (21). — L'empereur Antonin est regardé comme un des plus grands princes qui aient régné. — Vous êtes hom[illegible] connaissez les détours de la chicane (119). — Ce n'est plus Idoménée, c'est le fils du sage Ulysse, c'est moi qui vous réponds de toutes les choses qui vous seront promises (68). — Nous sommes cinq ou six novateurs hardis qui avons entrepris de changer la langue du blanc au noir (137).

. . . . . Je suis une bourgeoise
Qui sais me mesurer justement à ma toise (104).

---

70. — Je suis Diomède, qui blessai Vénus au siége de Troie (68). — Vous êtes un génie tutélaire qui est venu consolider la paix (98). — C'est moi, dit le Seigneur, qui fais mourir, et c'est moi qui fais vivre; c'est moi qui blesse, et c'est moi qui guéris; et nul ne peut se soustraire à ma souveraine puissance. — Nous sommes des enfants qui essayons de faire quelques pas sans lisière (162). — S'il n'y avait que moi qui lusse vos lettres, je vous prierais de m'en favoriser encore chaque jour (162). — Je suis le seul qui ait eu le courage de le servir (162). — N'êtes-vous plus cet Ulysse qui a combattu tant d'années pour Hélène contre les Troyens (181)? — Vous êtes un de ces hommes que l'on n'oublie point, et qui frappez une cervelle de votre souvenir (120). — Comme je n'étais qu'un jeune médecin qui n'avait pas encore eu le temps de s'endurcir au meurtre, je m'affligeais des évènements funestes qu'on pouvait m'imputer (104).

Je ne vois que nous deux qui soyons raisonnables (178).

. . . . Je suis ce Grec enfin
Qui, dans ces mêmes murs, balança ton destin (96.)

C'est le bon ordre, et non certaines épargnes sordides, qui fait le profit (162).

Thèbes à cet arrêt n'a pas voulu se rendre;
Et, lorsque sur le trône il s'est voulu placer,
C'est elle, et non pas moi, qui l'en a su chasser (134).

Comme il n'y a jamais eu d'assemblée de logiciens qui ait formé une langue, aucune n'a pu parvenir à un plan absolument régulier (162).

3e EXERCICE.

1° Nombre du verbe après les substantifs dits *collectifs*.
2° *C'est, ce sont* (565 à 574).

71. — Le roi des Dauniens avait dans l'armée un certain nombre de transfuges, qui devaient l'un après l'autre s'échapper du camp des alliés (68). — Tu te trompes, Philémon, si avec ce carrosse brillant, ce grand nombre de coquins qui te suivent, et ces dix bêtes qui te traînent, tu penses que l'on t'en estime davantage (88). — Viriatus devint chef d'une troupe de voleurs qui désola toutes ces contrées (147).

Plus d'un jeune guerrier tient le rabot d'Émile (50).

Quels miracles un petit nombre de soldats, persuadés de l'habileté de leur général, ne peuvent-ils pas enfanter! (34) -- Une multitude d'hommes nus, sans discipline et sans armes, ne put tenir contre des hommes vaillants, aguerris, bien armés : le plus grand nombre des insulaires fut égorgé (113).

---

72. — Justinien laissait dans l'inaction le peu de troupes qui lui restaient, comme inutiles et à charge à l'état (113).

— Un admirable concours de circonstances contribua à l'universalité de la langue française (183). — Quels sont les quatre points cardinaux? Ce sont l'est, l'ouest, le nord et le sud. — La plupart des animaux ont plus d'agilité, plus de vitesse, plus de force et même plus de courage que l'homme (28). — La multitude des hommes qui environnent les princes, est cause qu'il n'y en a aucun qui fasse impression sur eux (68). — De cette énorme quantité de pierres roulantes qui embarrasse maintenant nos chemins, il avait formé çà et là des pyramides (18). — Alors une nuée de traits obscurcit l'air, et couvrit tous les combattants (68).

Le vainqueur y perdit, comme vous pouvez croire,
Le peu de cheveux gris qui lui restait encore (71).

---

73. — Ce sont les bonnes mœurs, et non les riches atours, qui parent les femmes. C'est la mollesse et l'oisiveté qui rendent les peuples insolents et rebelles (68). — C'étaient les récompenses terrestres que cherchait le peuple de Dieu dans l'observation de sa loi (93). — Ce n'est ni Térence, ni Cicéron, ni Virgile, ni Sénèque, ni Tacite, ce ne sont ni les savants ni les poètes qui ont produit les malheurs de Rome, ni les crimes des Romains (143). — Ce grand nombre de rivales ne vous eût point accommodée (74). — Partout encore le petit nombre de citoyens qui gouverne cherche à se maintenir contre le grand nombre de citoyens qui obéit (12). — La plus grande partie des voyageurs s'accordent à dire que les habitants naturels de Java sont robustes, bien faits, nerveux (28). — La moitié des passagers, affaiblis, expirants de ces au-

goisses inconcevables, n'avait pas même la force de s'inquiéter du danger (162). — Ce ne fut pas une certaine invasion qui perdit l'empire, ce furent toutes les invasions (120). — Ce qui se trouvait naturellement dans l'ame de Descartes, c'était la douceur et la bonté (155). — La plupart des hommes n'ont pas d'avis à eux (4). — La plupart des hommes pensent d'après les autres. — Ce n'était pas de l'or et de l'argent qui me manquaient; c'étaient du café et de la cannelle (162). — Ce sont des héros qui fondent les empires, et des lâches qui les perdent (159).

EXERCICE DE RÉCAPITULATION.

74. — Il est des cœurs endurcis devenus par là incapables de toute instruction, qu'aucun motif ne peut émouvoir, qu'aucune vérité ne peut éveiller de leur indolence et de leur assoupissement : ils sont comparés à ces terrains pierreux que la plus douce température, la culture la plus assidue ne saurait rendre fertiles.

L'épouvante et l'horreur règnent de toutes parts (134).

Mais l'amitié, l'honneur et la reconnaissance
Nous imposent des lois dont rien ne nous dispense (113).

La Chine, comme tous les pays où croît le riz, est sujette à des famines fréquentes (120). — Les soupçons, la défiance, la haine, règnent dans l'un et l'autre parti (159). — O puissant Dieu, s'écriait-il, toi qui tiens l'empire des ondes, daigne écouter un malheureux (68) ! — Une étrangère disait un jour à la femme de Léonidas : vous êtes les seules qui preniez de l'ascendant sur les hommes. Sans doute, répondit-elle, parce que nous sommes les seules qui mettions des hommes au monde (12). —Vous êtes un Protée qui prenez indifféremment les formes les plus contraires, parce que vous ne tenez à aucune (68).

En quelque endroit que j'aille, il faut fendre la presse
D'un peuple d'importuns qui fourmillent sans cesse (21).

75. — L'autorité du prince était bornée de mille manières différentes. Un grand nombre de seigneurs la partageaient avec lui (120).—Ce furent ces illustres laboureurs qui, en moins de trois cents ans, assujettirent les peuples les plus belliqueux de l'Italie (159).—Qu'est-ce qu'une armée? C'est une multitude d'hommes armés qui suivent aveuglément les ordres d'un chef, dont ils ne savent pas les intentions (70). — On voit dans les cercles un petit nombre d'hommes et de femmes qui pensent pour tous les autres, et par qui tous les autres parlent et agissent (143).

SECTION II. — ACCORD DES PARTICIPES.

§ I.— *Participe présent et adjectif verbal.*

1er EXERCICE. (574 à 583.)

76. — 1° Nous passâmes toute la nuit tremblants de froid et demi-morts, sans savoir où la tempête nous jetait. (68).—Les princes faibles, tremblant aux moindres dangers qui menacent leurs personnes, craignent peu les périls auxquels ils n'exposent que leurs généraux et leurs armées (150).— Les grands pins gémissant sous les coups des haches, tombent en roulant du haut des montagnes (68).

Les bergers pleins d'effroi dans les bois se cachèrent;

Et leurs tristes moitiés, compagnes de leurs pas,
Emportent leurs enfants gémissants dans leurs bras (162).

Des flots de barbares, roulant les uns sur les autres, étendaient chaque jour leurs ravages sur les contrées populeuses et civilisées de l'occident (150). — Nous verrons toujours les astres roulants sur cette voûte et comme dans un même cercle (162). — Ces enfants choisis, de la figure la plus agréable, avaient de longs cheveux flottants sur leurs épaules (68). — Les Phocéens, incertains de ses vues, et flottant entre la crainte et l'espérance, n'avaient pas cru devoir se saisir de ce poste important (12).

---

77. — Et les zéphirs légers, voltigeant sur le thym,
Vous apportent le soir les parfums du matin (50).

Nous eussions vu les jeux voltigeants sur vos traces (162).

La foudre et les éclairs ne laissent entrevoir que des fantômes et des spectres errants dans les ténèbres (12). — Les regards, errant sur la chaîne successive des montagnes du Liban, portent l'esprit en un clin d'œil d'Antioche à Jérusalem (161). — Ce fut un horrible spectacle pour un cœur tel que celui de Duguay-Trouin de voir le *Devonshire*, ce vaisseau immense, brûler en pleine mer, à la lueur de l'embrasement réfléchie au loin sur les flots, tant d'infortunés errants, ou furieux, ou palpitants, immobiles au milieu des flammes, s'embrassant les uns les autres, ou se déchirant eux-mêmes, levant vers le ciel des bras consumés, ou précipitant leurs corps fumants dans la mer (155).

2° N'entends-tu pas de loin la trompette guerrière,
Les cris des malheureux roulants dans la poussière! (162)

Entendez-vous ces sons mornes et répétés,
Retentissants autour de nos toits attristés? (103)

78.—Mithridate s'était montré pendant quarante ans si redoutable, que les Romains, triomphant de son ombre, firent éclater sans pudeur la joie la plus vive, à la vue des restes de ce formidable ennemi (150). — Les Indiens avaient représenté les anges comme des créatures immortelles, participantes de la Divinité (162).— Les Carthaginois firent fondre des statues, des vases, et même des ustensiles appartenant aux particuliers (6).

Ses chanoines vermeils et brillants de santé,
S'engraissaient d'une molle et sainte oisiveté (21).

Calypso aperçut un gouvernail, un mât, des cordages flottants sur la côte (68). — On voyait des débris flottant vers le rivage (20).

La Grèce a des héros, mais injustes, cruels,
Insolents dans le crime, et tremblants aux autels (162).

Si les enfants des rois, dégénérant de leur auguste naissance, n'avaient que des inclinations basses et vulgaires, quel opprobre pour leur nom, et pour la nation qui attendrait de tels maîtres! (114) — Les Romains, autrefois assis sur des escabelles à leur banquet modeste, se couchaient sur des lits somptueux, éclatants de pourpre, d'or et d'ivoire (150).

3° Les animaux vivant d'une manière plus conforme à la nature, doivent être sujets à moins de maux que nous (143).

Jadis tous les humains, errant à l'aventure,
A leur sauvage instinct vivaient abandonnés (142).

---

79. — Il y a donc des peuples chrétiens gémissants dans un triste esclavage (162). — Démocrite, Épicure et Lucrèce, avec leurs atômes déclinants dans le vide, étaient pour le moins aussi enfants que Descartes avec ses tourbillons tournoyants dans le plein (162). — Les Romains reculèrent d'abord devant les druides; mais, triomphant enfin de la crainte que leur inspiraient les idoles, ils portèrent la flamme dans ces sombres forêts (150). — Des frontières du Milanais au fond du royaume de Naples, des troupes de bandits, courant sans cesse d'une province à une autre, achetaient la protection des petits princes (162).—Je méditais sur le triste sort des mortels flottants sur cette mer des opinions humaines, sans gouvernail, sans boussole, livrés à leurs passions orageuses (143). — Voyez ces plages désertes, ces tristes contrées où l'homme n'a jamais résidé, couvertes ou plutôt hérissées de bois épais et noir dans les parties élevées; des arbres sans écorce et sans cime, rompus, tombants de vétusté; d'autres, en plus grand nombre, gisants au pied des premiers, pour pourrir sur des monceaux déjà pourris, étouffent, ensevelissent les germes prêts à éclore (28). — Plus de la moitié de la terre est encore peuplée d'animaux à deux pieds, ayant à peine le vivre et le vêtir, jouissant à peine du don de la parole, s'apercevant à peine qu'ils sont malheureux, vivant et mourant presque sans le savoir (133).

---

80. — 4° Fils aînés de l'antiquité, les Français, Romains par le génie, sont Grecs par le caractère : inquiets

et volages dans le bonheur, constants et invincibles dans l'adversité; formés pour tous les arts, civilisés jusqu'à l'excès dans le calme de l'État; grossiers et sauvages dans les troubles politiques; flottant comme des vaisseaux sans lest, au gré de toutes les passions; à présent dans les cieux, l'instant d'après dans l'abîme; enthousiastes et du bien et du mal, fesant le premier sans en exiger de reconnaissance, et le second sans en sentir de remords; ne se souvenant ni de leurs crimes ni de leurs vertus; amants pusillanimes de la vie pendant la paix, prodigues de leurs jours dans les batailles; vains, railleurs, ambitieux; à la fois routiniers et novateurs; méprisant tout ce qui n'est pas eux; tour-à-tour plus doux, plus innocents que l'agneau qu'on égorge, et plus impitoyables, plus féroces que le tigre qui déchire : tels furent les Athéniens d'autrefois, et tels sont les Français d'aujourd'hui (34).

---

81. — 5° Un bruit imprévu se fait entendre du sommet des montagnes; c'est une avalanche qui se précipite avec fracas. La masse énorme, froissant, bouleversant, brisant toutes les couches d'air qu'elle parcourt en tombant, donne naissance à des vents précurseurs d'une crise violente. Bientôt la tempête éclate : d'horribles éclairs, brillant d'une lumière effrayante, se succèdent sans interruption; les tonnerres grondant de toutes parts, sont répétés par les échos de la vallée; les eaux du lac sont violemment agitées, et, mugissant, soulèvent leurs vagues écumantes; les vents soufflant avec fureur, jonchent la terre des débris des vieux pins, roulant du sommet de la montagne; les nuages s'entrechoquant versent des flots de

pluie de leurs flancs déchirés par la foudre. En un instant, toute la région est inondée : les ruisseaux grossis, bondissant avec l'impétuosité des torrents, entraînent tout ce qui se rencontre sur leur passage ; et cette vallée, naguère si riante et si belle, maintenant couverte de débris, n'offre plus à l'œil consterné qu'une vaste scène de désolation et de ruines. Où fuyez-vous, malheureux habitants de ces hameaux ? Où vont ces femmes éperdues avec leurs enfants gémissants dans leurs bras, ces vieillards tremblants? Je les vois cherchant un asile dans les roches caverneuses du coteau, tandis qu'au fond de la vallée, luttant contre le débordement des eaux, et mêlant les sons perçants de leurs cors rustiques aux lugubres accents de la tempête, les bergers, inquiets, appellent leurs troupeaux errant de tous côtés, pour les soustraire aux dangers toujours renaissants qui les menacent.

RÉCAPITULATION.

82.— 6° Lycurgue seul pouvait en diriger les rênes (de l'état) tour-à-tour flottantes entre les mains des rois et dans celles de la multitude (12). — Les Juifs, toujours sans chef, sans patrie, sans temple, sans prêtres, sans sacrifices, errant de peuple en peuple, conservent partout une existence précaire (80). — Cette ville, qui vainquit Xercès, contient seize à dix-sept mille habitants, tremblants devant douze cents janissaires, qui n'ont qu'un bâton blanc à la main (162). — Il faut distinguer plusieurs espèces d'aristocratie : les unes approchant plus ou moins de la perfection dont ce gouvernement est susceptible;

les autres tendant plus ou moins vers l'oligarchie, qui en est la corruption (12). — Annibal prononça contre lui-même mille exécrations, de ce qu'au sortir de la bataille de Cannes, il n'avait pas conduit à Rome ses soldats tout fumants du sang des Romains (139). — Parmi tant de nations si différentes de nous et si différentes entre elles, on n'a jamais trouvé d'hommes isolés, solitaires, errants à l'aventure à la manière des animaux (162).

Les *quand*, les *qui*, les *quoi*, pleuvant de tous côtés,
Sifflent à son oreille, en cent lieux répétés (162).

§ II. — *Participe passé.*

PREMIÈRE PARTIE. (584 à 587.)

PREMIER DEGRÉ.

1er EXERCICE.

83. — Qu'elle fut étonnée ! — Effrayés par cette tempête, ils se crurent perdus. — Où sont allées ces dames ? Que sont-elles devenues ? — Vu son indisposition, elle est restée à la maison, où je la crois couchée. — Excepté quelques amis, tout le monde l'a abandonnée, et elle est aujourd'hui livrée à la plus affreuse misère. — Les promenades exceptées, cette ville est privée de tout agrément. — Que de peines j'ai éprouvées ! — Quelle faute ai-je faite ? — Quelle punition as-tu méritée ? — La faute que j'ai commise est légère, et la punition qu'on m'a infligée est trop forte; je ne l'avais pas méritée. — Tu m'as trompée, dit-elle. Ceux qui nous ont invitées à danser nous ont sans doute oubliées. — Nous avons souffert bien des maux. — Nous avons souffert. — Nous avons beaucoup marché. — Ces

pièces nous ont plu. — Ces dames ont beaucoup ri, et nous ont remerciés de les avoir conduites au spectacle.

2e EXERCICE.

84. — Votre sœur avait pleuré parce qu'on l'avait grondée d'être négligemment habillée. — Ne vous ai-je pas soulagée, consolée, quand vous étiez malheureuse? — Plusieurs personnes nous ont rencontrés et nous ont parlé. — Les révolutions que nous avons eues nous ont toujours nui. — Comme vous avez dignement rempli, Messieurs, les charges qu'on vous a confiées, vos enfants vous y ont succédé. — Que de richesses ont été englouties dans la mer! que d'infortunés y ont péri! — Ces voyageurs sont peut-être péris. — La pluie avait cessé. — Les pluies sont enfin cessées. — D'où sont venues ces méchantes gens? Pourquoi les est-on allé chercher? — Où était allée votre mère? — Nous l'étions allés reconduire. — Cette dame, que nous n'avions pas vue depuis long-temps, avait beacoup vieilli, et elle était tellement changée, que nous ne l'avons point reconnue, ce qui nous a qui dans son esprit. — Votre oncle a vendu ses biens, y compris la petite métairie que vous avez visitée avec moi. — Mes amis exceptés, je suis résolue, dit-elle, à ne recevoir personne. — Je vous ai réprimandées, dit-elle à ses filles, parce que vous m'avez désobéi, vous ne m'avez point écoutée, et vous avez suivi d'autres conseils que ceux que je vous avais donnés. Je vous avais déjà pardonné, et cependant vous avez recommencé; cette faute m'a vivement affligée.

3e EXERCICE.

85. — Croupies depuis long-temps, ces eaux exhalent une odeur infecte. — Les autels des dieux, abandonnés, renversés, furent relevés par Julien-l'Apostat. — Ces bocaux se trouvèrent brisés. — Que de chevaux et de bestiaux ont été noyés! —Toutes les maisons furent dévastées, excepté les hôpitaux et les lieux consacrés au service divin. — Ces régals ont été payés cher. — Les carnavals d'Italie exceptés, il n'y a plus de fêtes publiques longues et joyeuses. — Les baux qu'on avait faits viennent d'être résiliés.— Les travaux qu'on a commencés ont déjà coûté des sommes énormes.— Les bals ont cessé. — Le ministre a présenté au Roi plusieurs travails, qu'il a approuvés.— Les émaux que nous avons achetés sont très-estimés. — Les chacals ont déterré des cadavres, et les ont dévorés. — Mes genoux ont fléchi sous le poids.— Dès que ces hiboux nous ont vus, ils ont fui de leurs trous.— Ces filous, qui avaient volé des bijous et des joyaux précieux, ont été arrêtés et conduits en prison. — Les choux que j'ai plantés ont bien réussi.

4e EXERCICE.

86. — Nous avons admiré les vitraux de la cathédrale. — Ces joujous nous ont plu, et nous les avons achetés.— Pavées de jolis cailloux, les rues de cette ville nous ont charmé les yeux. — Ces bals, mesdemoiselles, vous ont plus nui qu'ils ne vous ont amusées; car la fatigue que vous y avez éprouvée vous a retenues plusieurs jours au lit. — Que sont devenus les journaux que je vous ai prê-

tés? — Nous avons visité et admiré ces pays situés sous de si beaux ciels.— Nos aïeux nous ont donné de bons exemples, que nous avons suivis. — Les cieux sont habités par les bienheureux. — Mes aïeuls ont occupé des charges importantes, qu'ils ont remplies avec distinction. — Des torrents de larmes ont coulé de ses yeux, et sa douleur nous a vivement émus. — De légers rideaux ont succédé aux antiques ciels de lit. — Les aulx sont principalement cultivés dans les pays méridionaux. — La soupe grasse qu'on nous a servie avait beaucoup d'œils. — Les travails que vous avez vus à la porte des maréchaux-ferrants leur ont souvent servi à attacher des chevaux vicieux, quand ils les ont ferrés ou pansés.

DEUXIÈME DEGRÉ.

1er EXERCICE.

87.— La beauté, la parure, la naissance, les agréments de l'esprit, n'étant pas assez estimés à Sparte pour établir des distinctions entre les femmes, elles furent obligées de fonder leur supériorité sur le nombre et sur la valeur de leurs enfants (12).— La terreur qu'inspirait la cruauté des Turcs était si grande que les villes se soumettaient avant d'être assiégées; mais elles n'en étaient pas traitées moins cruellement (160). — Nous oublions aisément nos fautes lorsqu'elles ne sont sues que de nous (138). — L'Arcadie occupe le centre du Péloponèse. Élevée au-dessus des régions qui l'entourent, elle est hérissée de montagnes, quelques-unes d'une hauteur prodigieuse, presque toutes peuplées de bêtes fauves, et couvertes de forêts (12).— Il est certaines limites passé lesquelles on ne peut plus rien se permettre. — Tout à ses yeux était mort dans la Grèce, excepté la religion qui devait la ranimer et l'affranchir (160).

2e EXERCICE.

88. — Autant de lois ce monarque a faites, autant de sources de prospérité et de bonheur il a ouvertes (113).

Triste de notre joie, elle (l'envie) ne rit jamais
Que des maux qu'elle a vus, ou de ceux qu'elle a faits (144).

La solidité de la construction des Pyramides et l'énormité de leur masse les ont garanties de toute atteinte (162). — La mer a englouti la moitié de la Frise (162). — L'intolérance n'a jamais fortifié une vérité, ni affaibli une erreur.

La discorde a toujours régné dans l'univers;
Notre monde en fournit mille exemples divers (72).

Moments délicieux! ô première existence! qu'ils sont tristes les jours qui vous ont succédé (185)! — Ronsard et ses contemporains ont plus nui au style qu'ils ne lui ont servi (88).

3e EXERCICE.

Quoi de plus intolérable que ces éternels disputeurs qui s'arment des faits qu'ils ont niés, des raisonnements qu'ils ont combattus, des objections qu'on leur a faites, pour attaquer leurs propres assertions dans la bouche d'autrui (23)?

Qui ne sait compatir aux maux qu'il a soufferts (162)?

Où la guêpe a passé, le moucheron demeure (72).

La mort de Mahomet avait affranchi l'Italie de la terreur, mais avait laissé la Grèce dans les fers de Bajazet (160).—Artémise n'a survécu que deux ans à Mausole, son frère et son époux (12). — Les victoires de Timothée, soixante-quinze villes qu'il avait réunies à la république, les honneurs qu'on lui avait autrefois déférés, sa vieillesse, la bonté de sa cause, rien ne put le dérober à l'iniquité des juges (12).

4ᵉ EXERCICE.

89. — Prisonniers sur le trône, les rois seront environnés de gardes qu'ils croient avoir armés contre le peuple, et qu'ils auront armés contre eux (40). — Sire, écrivait le maréchal de Luxembourg à Louis XIV, vos ennemis ont fait des merveilles, vos troupes encore mieux... vous m'avez dit de prendre une ville et de gagner une bataille: je l'ai prise et je l'ai gagnée. — Pierre-le-Grand a forcé la nature en tout; mais il l'a forcée pour l'embellir. Les arts qu'il a transplantés de ses mains dans des pays dont plusieurs alors étaient sauvages, ont, en fructifiant, rendu témoignage à son génie, et éternisé sa mémoire (162). — M. de la Rochefoucauld a peint les hommes comme il les a vus (179). — Les belles actions ne sont jamais mieux racontées que par ceux qui les ont faites (21).— L'invention de la poudre a fait une chose qu'on n'aurait pas soupçonnée; c'est que la force des armées navales a plus que jamais consisté dans l'art (120). — Des historiens ont flétri la mémoire d'Alcibiade; d'autres l'ont relevée par des éloges, sans qu'on puisse les accuser d'injustice ou de partialité (12). — Coriolan parla en guerrier devant les compagnons et les témoins de ses victoires, exposa aux

yeux du peuple les couronnes qu'il avait reçues de la main de ses généraux : « Qu'ils parlent, s'écria-t-il, qu'ils parlent, ceux que j'ai sauvés dans les batailles, qu'ils paraissent ceux que j'ai arrachés au fer des ennemis, et à qui j'ai sauvé la vie ! » (6).

5ᵉ EXERCICE.

90. — Les Arabes, défendus par leurs déserts et par leur courage, n'ont jamais subi le joug étranger (162). — La nature nous a donné et nous offre encore à tout instant des plaisirs sans nombre ; elle a pourvu à nos besoins, elle nous a munis contre la douleur (28). — Les Égyptiens et les Assyriens, qui ont les premiers cultivé l'astronomie, ont aussi les premiers donné naissance au système d'erreur que les idolâtres ont adopté (40). — La plupart des découvertes qui ont changé le système du monde civilisé, ont été faites par des membres de l'Église. L'invention de la poudre à canon, et peut-être celle du télescope, sont dues au moine Roger Bacon. Les bombes ont été inventées par Galen, évêque de Munster ; le diacre Flavio de Gicia, napolitain, a trouvé la boussole ; le moine Despina, les lunettes ; le pape Silvestre II, l'horloge à roue (34). — Monseigneur, disait un délateur à Louis de Bourbon, frère de Charles V, voilà un mémoire qui vous instruira de plusieurs fautes que des personnes pour qui vous avez trop de bonté, ont commises contre vous. — Avez-vous aussi tenu un registre des services qu'elles m'ont rendus, répondit le prince ? (188)

TROISIÈME DEGRÉ.

1er EXERCICE.

91. — Prétendre que les Albinos sont des nègres noirs, dont une espèce de lèpre a blanchi la peau, c'est comme si l'on disait que les noirs eux-mêmes sont des blancs que la lèpre a noircis (162). — Plusieurs savants ont soupçonné que quelques races d'hommes, ou d'animaux approchant de l'homme, ont péri (162). — On a trouvé quelquefois des enfants égarés dans des bois, et vivant comme les brutes (162). — L'imprimerie fut inventée à l'époque précise où elle était le plus nécessaire, et sans doute parce qu'elle l'était (160). — Pourrai-je oublier jamais la confiance et l'amitié que vous m'avez témoignées? (68) — La colère, ou, si l'on veut, le courage naturel, se remarque dans les animaux qui sentent leurs forces, c'est-à-dire, qui les ont éprouvées, mesurées, et trouvées supérieures à celles des autres (28).

2e EXERCICE.

92. — C'est des Tartares que sont sortis quelques-uns des peuples qui ont renversé l'empire romain (121). — Il n'y a point sur la terre de véritables hommes, excepté ceux qui consultent, qui aiment cette raison éternelle, et qui s'y attachent (68). — Quelque honte que nous ayons méritée, il est toujours en notre pouvoir de rétablir notre réputation (138). — Gylippe ayant été chargé de porter à Lacédémone l'or et l'argent que Lysandre avait amassés dans ses dernières campagnes, il en déroba une partie (40). —

Rome, dans son origine, servait d'asile à des aventuriers, la plupart sans femmes et sans enfants, que l'impunité ou le désir de faire du butin avait réunis (159). — Qu'il faut de violence pour rompre les engagements que le cœur et l'esprit ont formés! (120)

3e EXERCICE.

93. — Les plus puissants (des Spartiates) ont assez de pudeur pour dérober aux yeux la licence de leur conduite ; ce sont des transfuges qui craignent les lois qu'ils ont violées, et regrettent les vertus qu'ils ont perdues (12). — Les Romains vainqueurs devinrent les disciples des Grecs vaincus, et apprirent une langue que les Homère, les Pindare, les Thucydide, les Xénophon, les Démosthène, les Platon, les Euripide, avaient embellie des graces de leur esprit (107).—Quelques voyageurs avaient déjà soupçonné qu'il y avait deux espèces de civette; mais personne ne les avait reconnues assez clairement. Nous les avons vues toutes les deux ; et, après les avoir soigneusement comparées, nous les avons jugées d'espèce et peut-être de climat différents (28). — Les auteurs du siècle de Louis XIV avec des mots simples ont exprimé de grandes pensées (56). Il y a de mauvais exemples qui sont pires que les crimes ; et plus d'états ont péri parce qu'on a violé les mœurs, que parce qu'on a violé les lois (120).

4e EXERCICE.

94. — Louis XIV conserve, dans le lit de la douleur, cette majesté, cette sérénité, qu'on lui avait vue autrefois (114). — Au travers des traits de la mort répandus sur le

visage de Catilina, on voyait encore les marques de l'audace et de la férocité qu'il avait eues pendant sa vie (156). — Bien des naturalistes ont pensé que le condor était du genre des vautours, à cause de sa tête et de son cou dénués de plumes (28). — Selon le cours ordinaire des choses, de quelque mal que soit semée la nature humaine, elle n'est pas, à tout prendre, un mauvais présent (143). — Le genre humain avait perdu ses titres ; Montesquieu les a retrouvés, et les lui a rendus (162). — Si les vertus pacifiques avaient été mieux connues, si Homère en avait senti les avantages, il les eût vraisemblablement célébrées (118). —Tout éclairée qu'elle était, elle n'a point présumé de ses connaissances, et jamais ses lumières ne l'ont éblouie (24).—Je crois avoir montré qu'excepté la mort, qui n'est presque un mal que par les préparatifs dont on la fait précéder, la plupart de nos maux physiques sont encore notre ouvrage (142). — Quel plaisir d'aimer la religion, et de la voir crue et soutenue par les Bacon, les Descartes, les Newton, les Grotius, les Corneille, les Racine, les Boileau, les Turenne, les d'Aguesseau, l'éternel honneur de l'esprit humain ! (88)

DEUXIÈME PARTIE. (588 à 592.)

PREMIER DEGRÉ.

1er EXERCICE.

93.—Ces livres nous ont servi. — On nous a servis en argenterie. — On leur a aidé à monter. — Ils nous ont aidés dans nos besoins. — Beaucoup de choses nous ont manqué. — Inexact au rendez-vous, il nous a manqués d'une heure. — Ne nous a-t-il pas insulté par son luxe? — Ne nous a-t-il pas grossièrement insultés ?— Le temps qui nous a fui ne reviendra jamais. — Que de mauvaises actions auxquelles on a applaudi ! — Que de mauvais acteurs on a applaudis ! — Je t'avais crue innocente, et je t'ai trouvée coupable. — Que de choses on a estimées bonnes, et que l'on a trouvées nuisibles. — L'adversité, que nous avions crue si funeste, nous a rendus sages ! — Ses parents l'ayant supposée ennemie du monde, l'ont faite religieuse. — Ma lettre est partie dès que je l'ai eu écrite. — Quelle leçon vous a donnée votre maître ?— Les usages qu'ont suivis vos pères sont respectables. — La terre et le ciel, qu'a créés le Seigneur, attestent sa puissance et sa gloire.—Une Lacédémonienne se glorifiait des blessures qu'avait reçues son fils.

2e EXERCICE.

96.—Nous avons récompensé ceux de nos domestiques qui nous ont long-temps servis. — Nous lui avions donné un rendez-vous ; il nous a manqués d'une heure.— Il nous a visés et nous a manqués. — Ne m'as-tu pas insultée, dit-elle, ne m'as-tu pas grossièrement injuriée ? — Ces actions que vous avez trouvées si belles, et auxquelles vous avez applaudi sont cependant blâmées par tous les gens de bien. — Les actrices que nous avons applaudies ont parfaitement joué; tout le monde les a jugées excellentes. — A quoi vous ont servi les livres que vous a achetés votre père ? Vous ne les avez pas seulement ouverts. — Ce sont ceux que nous avons crus nos meilleurs amis qui nous ont le moins aidés dans nos malheurs.—Vu la longue maladie qu'a eue ma mère, et la faiblesse qu'elle en a conservée, elle n'est point encore sortie.—Ces enfants nous ont manqué de respect, nous les avons punis, et ils ont tant pleuré que nous leur avons pardonné.

DEUXIÈME DEGRÉ.

1er EXERCICE.

97. — Une grosse pluie nous aurait bien servis dans cette occasion. — Cette soupe, que j'avais crue si bonne, était trop grasse.— Une pareille occasion nous a échappé. —Cette affreuse nouvelle les a attérées, les a d'abord rendues muettes, et elles ont ensuite versé des larmes amères. —Ces modes, que vous avez crues nouvelles, sont fort anciennes. — Que de bonnes leçons nous ont quelquefois données des enfants!—J'ai vu à cette femme replète une taille si mignonne, si fluette, que je ne l'aurais pas reconnue, si vous ne me l'aviez pas nommée.— Je t'aurais crue plus discrète, et tu m'as trompé, dit-il, à sa sœur. — Que de choses secrètes nous a révélées l'indiscrétion! — Je l'avais jugée spirituelle, et je l'ai trouvée bien sotte; elle m'a bien trompé. — Mademoiselle, à votre mine bénigne, je vous aurais crue dévote. — Sa voix enchanteresse nous a charmés. — Certaines dames auteurs nous ont rendus difficiles. — Quelles meilleures leçons que celles que nous a données la nature?

2e EXERCICE.

98.—Ils ont fui, mais ils seront atteints tôt ou tard par la foudre vengeresse.— Cette dame, professeur de danse et de musique vocale, a toujours enseigné dans les premières pensions de Paris. — Cette femme, qu'on avait vue si malheureuse, élevée tout-à-coup au faîte des grandeurs, tendait une main protectrice à tous ceux qui l'avaient connue. — Telle est la défense expresse que m'a faite ma mère. — Que de réponses ambiguës ont faites les oracles! — Cette grammaire grecque nous a bien servi. — La fièvre tierce lui a pris, et ne l'a quittée qu'aujourd'hui, où elle a obtenu la permission de manger ce qu'elle desirerait, excepté de la viande. — Cette fausse monnaie a circulé pendant long-temps. — Cette belle chevelure châtain, qu'avait admirée tout le monde, n'était que le produit de l'art. — Ces beaux vers que nous a légués Racine ont enrichi notre mémoire. — Les yeux bleus sont au moins aussi estimés que les noirs. — Les textes hébreux que nous avons consultés nous ont bien servi. — Ces hommes brutaux nous ont insultés. — Que de combats navals a livrés l'Angleterre! — Ces évènements, que nous avions crus si fatals, nous sont devenus favorables. — Ces repas, que vous avez trouvés si frugaux, sont pour nous de vrais régals. — Les discours joviaux qu'ont tenus ces messieurs ne nous ont guère plu. — Nous avons échappé à la contagion par les soins médicaux qu'on nous a prodigués.

TROISIÈME DEGRÉ.

1er EXERCICE.

99. — Là règnent les bons rois qu'ont produits tous les âges. (162)

Ainsi, dans leurs forêts, les crédules humains
Craignaient ces dieux affreux qu'avaient forgés leurs mains (50).

Nous verrons Charlemagne surpasser les actions de ses ancêtres, et donner à la couronne de France un éclat dont ils ne l'auraient pas crue susceptible (118). — Les Perses, adorateurs du soleil, ne souffraient point les idoles ni les rois qu'on avait faits dieux (24). — L'horreur qu'avaient inspirée à Philippe et à ses alliés les sacrilèges commis à Delphes par les Etoliens, leur persuadait sans doute qu'il leur était permis de s'en venger par les mêmes crimes (139). — Selon la supputation que nous avons jugée la plus raisonnable, le temps du siège de Troie était le plus beau temps des Assyriens (24).

2e EXERCICE.

100. — Vous pouvez juger, par toutes les inquiétudes que m'a causées votre maladie, combien j'ai de joie de votre guérison (134). — La langue qu'ont écrite Cicéron et Virgile était déjà fort changée du temps de Quintilien (21). — Quels dangers n'a pas courus l'Autriche pendant la tempête de vingt ans qu'elle a essuyée! (130) — Il était naturel que des empereurs nourris dans les fatigues de la guerre, lesquels parvenaient à faire descendre du trône une famille noyée dans les délices, conservassent la vertu qu'ils avaient éprouvée si utile, et craignissent les voluptés qu'ils avaient vues si funestes (120). — Dieu, en créant les individus de chaque espèce d'animaux et de végétaux, a non-seulement donné la forme à la poussière de la terre, mais il l'a rendue vivante et animée (28). — Dans les derniers temps, les Romains établissaient des usages tout contraires à ceux qui les avaient rendus maîtres de tout (120). — Malgré le sénat, on résolut d'élire quatre tribuns militaires; mais, quelques efforts qu'eussent faits

les tribuns du peuple pour avoir part à cette élection, ils eurent encore la douleur de voir que des patriciens seuls enlevèrent tous les suffrages (159). — L'empereur Auguste César ne portait point d'autres habits que ceux qu'avait filés sa femme ou sa fille. — Manlius se découvrit la poitrine, qu'il fit voir toute couverte de cicatrices que lui avaient laissées les blessures qu'il avait reçues (159).

Il ne peut rien offrir aux yeux de l'univers
Que de vieux parchemins qu'ont épargnés les vers (21).

TROISIÈME PARTIE. (592 à 601.)

PREMIER DEGRÉ.

1er EXERCICE.

101. — On nous a commandé de sortir. — On nous a forcés de sortir. — Ce sont de bonnes actions que j'ai toujours cherché à vous inspirer; ce sont ces exemples que je vous ai donnés à suivre. — Que de difficultés nous avons eues à surmonter! La leçon que j'ai commencé à étudier est la même que vous avez eue à copier. — Telles sont les observations que j'ai cru utile de vous soumettre. — Occupez-vous enfin la place que j'ai présumé que vous obtiendriez? — Quels sont donc les conseils que vous avez prétendu me donner? — Nous n'avons fait que les dépenses que notre situation nous a permis. — On nous a laissés sortir. — On nous a laissé emmener. — Que de mauvaises pièces nous avons vu jouer! — Que de mauvais acteurs nous avons vus jouer! — Ces couplets, je les ai déjà entendu chanter. — Mesdemoiselles, je vous ai entendues chanter. — Mes entrailles, je les ai senti déchirer. — Ces

voleurs, je les ai vus se sauver, mais je les ai vu aussitôt arrêter. On les a laissés échapper, et on les a entendus eux-mêmes crier au voleur; je les ai vu reprendre et conduire au corps-de-garde. — On nous a fait sortir. — Ce sont des livres que j'ai cru devoir vous convenir. — Ce sont des choses qu'on m'a assuré avoir été faites. — Nous aurons des escamoteurs qu'on m'a dit être fort habiles; je ne leur ai vu faire cependant que des tours très-ordinaires.

2ᵉ EXERCICE.

102. — Je lui ai présenté votre lettre, qu'elle a refusé de lire, et qu'elle m'a rendue. — Le mauvais temps nous ayant empêchés de sortir, nous avons commencé les devoirs que vous nous avez donnés à faire. — La résolution qu'elle a fini par prendre a été généralement approuvée par ceux mêmes qui l'en avaient détournée. — Ce sont des secrets que m'a confiés votre mère, et qu'elle n'a pas voulu que vous connussiez. — Il y a dans le commerce des engagements que j'ai toujours cru dangereux de contracter, et que j'ai toujours refusé de faire. — Ces bonnes gens, que vous n'avez pas su apprécier, ont toujours été estimés de tous ceux qui les ont connus. — Les démarches que j'ai cru devoir faire n'ont pas réussi. — Je leur ai rendu tous les services que j'ai pu. — Je n'ai fait que les choses que j'ai dû.

3ᵉ EXERCICE.

103. — Que nous ont servi la plupart des discours que nous avons entendu prononcer? — Les mauvais livres

que vous avez publiés ont circulé jusque dans les campagnes, qu'ils ont corrompues par les funestes erreurs qu'ils n'ont cessé de répandre. — Cette barque abandonnée aux flots, je l'ai vu briser contre des rochers. — Cette barque qu'avait abandonnée son nocher, je l'ai vue se briser contre des écueils. — On nous a envoyé chercher, et nous avons refusé de sortir. — On nous a envoyés chercher des vivres, et nous ne sommes revenus que fort tard. — Ces personnes, que nous n'avons cessé d'obliger, nous ont montré peu de reconnaissance. — Cette dame, que j'ai vue peindre, m'a paru douée d'un grand talent. — Cette dame, que j'ai vu peindre, paraissait fatiguée de la pose qu'on lui avait fait prendre. — Cette faute, dont nous avons rougi, nous a fait aussitôt rentrer en nous-mêmes. — Tous ceux qu'on avait supposé être à craindre sont restés bien tranquilles, excepté quelques jeunes gens. Tous ceux qu'on avait supposés suspects ont été surveillés, et n'ont pas osé remuer.

DEUXIÈME DEGRÉ.

1er EXERCICE.

104. — Que de savants nous avons vu embarrasser par de simples pourquoi ! — C'est la traduction des Septante qu'on m'a assuré être la plus exacte. — Les deux Télémaque que j'ai envoyés à relier ne m'ont pas été rendus. — Que d'Elzévirs nous avons vu payer cher ! — Ces poètes, contemporains des Racine et des Boileau, qu'on a vus mendier leur pain de cuisine en cuisine, n'étaient certainement pas des Homères. — La Typographie avait été quelque temps négligée, mais on l'a bientôt vue re-

naître par les soins des Didot et des Crapelet. — Que d'injustes et sottes critiques les Corneille et les Racine ont eues à supporter! — Les Stuarts ont éprouvé de grands malheurs. On les a obligés d'abandonner le pays qui les avait vus naître. — Tous ces beaux Te Deum que nous avons entendu chanter ne nous ont pas dédommagés des pertes que nous ont causées les victoires qu'ils ont célébrées! Que de pleurs elles nous ont fait verser! — Les fac-simile qu'on m'a prié d'acheter sont très-bien faits. — Les opéras que nous avons vu jouer, et que vous avez pensé ne pas devoir réussir, ont obtenu un plein succès, et ont excité mille bravos. — Que de quiproquos nous avons vu faire! Que de sots quolibets nous avons entendu dire! — Nous avons vu des arlequins, et nous avons beaucoup ri des lazzis que nous leur avons vu faire. — Les dilettanti que nous avons vus applaudir à l'opéra étaient de vrais connaissseurs; du moins nous les avons jugés tels.

TROISIÈME DEGRÉ.

1er EXERCICE.

105. — L'ambassadeur du czar était fiancé avec une dame saxonne qui avait de la naissance, du mérite et de la beauté, et qu'il avait compté d'épouser à peu près dans le temps même qu'on le livra au supplice (162). — Nous ne te demandons pas (dit Métellus à Sylla) que tu pardonnes à ceux que tu as résolu de faire mourir (159). — Avez-vous entendu parler des grandes guerres que j'ai eues à soutenir (68. Démétrius à Pyrrhus). — Les maladies lui ôtèrent la consolation qu'elle avait tant désiré d'accomplir ses premiers desseins (24). — L'ombre que les arbres

nous prêtaient, et l'herbe que le lieu fournissait abondamment à nos chevaux, nous auraient déterminés à nous y arrêter, quand nous n'aurions pas été dans cette résolution (104). — Je me laissai enlever de l'hôtellerie au grand déplaisir de l'hôte, qui se voyait par-là sevré de la dépense qu'il avait compté que je ferais chez lui (104). — Vous n'êtes pas le seul qui corrigiez vos vers : en voici trois que j'ai cru devoir changer dans le premier acte de Zaïre (162. à M. de Cideville). — Don André a fait sans intérêt tous les plaisirs qu'il a pu (104).— Les Eglogues de Gessner sont des plantes analogues au climat qui les a vues naître (113). — Paul, s'étant rendu par hasard dans ce lieu, fut rempli de joie en voyant ce grand arbre sorti d'une petite graine, qu'il avait vu planter par son ami (18). — Les serpents paraissent privés de tout moyen de se mouvoir, et uniquement destinés à vivre sur la place où le destin les a fait naître (89).— Elle employait cette prière, qu'elle avait dit être celle du malade (71).— C'est une question que je leur ai laissé démêler.

2e EXERCICE.

106.—Il faut qu'ils me chantent une certaine scène d'une petite comédie que je leur ai vu essayer (119).

Ils ne nous ont pas vu l'un et l'autre élever,
Moi pour vous obéir, et vous pour me braver (142).

Vespasien regardait les financiers comme des éponges, qu'il pouvait presser après les avoir laissées se remplir.—Le ciel donnait aux Hébreux un signal visible pour marquer leur marche, et d'autres miracles semblables qu'ils ont vus durer pendant quarante ans (24).— La guerre a pour elle l'antiquité; elle a été dans tous les siècles; on l'a toujours vue remplir le monde de veuves et d'orphelins (88).—Les écrivains de l'antiquité parlent souvent d'îles que l'on a vues s'élever tout-à-coup du sein des mers de la Grèce.—Grégoire de Tours proteste qu'il n'est pas l'auteur des propos contre la reine, mais qu'il les a entendu tenir à d'autres personnes (118). — Les noms de Persée, de Pélops, d'Atrée, de Thyeste, d'Agamemnon, etc., qu'on a vus si souvent figurer dans les écrits des poëtes, si souvent entendus retentir au théâtre, font une impression plus forte lorsqu'ils semblent revivre dans les fêtes et dans les monuments consacrés à ces héros (12).—C'est moins l'ame farouche de Catilina que l'ame généreuse de Cicéron qu'on a voulu peindre (162).—Le succès me donne des desseins que je n'aurais jamais osé concevoir (68).—Henri III avait concédé aux papes l'usufruit de la Marche d'Ancône; mais cette concession n'avait pas empêché la mère de la comtesse Mathilde de se mettre en possession des villes qu'elle avait cru lui appartenir (162).—Tout atteste dans la Grèce les révolutions physiques qu'elle a dû éprouver (162).

3e EXERCICE.

107.— Lascaris, à qui l'Europe doit tant de reconnaissance, n'a laissé trace de lui-même que dans quelques souvenirs, transmis par ses disciples, et que nous avons essayé de rassembler (160). — Les sujets ont cessé de révérer ces maximes, quand ils les ont vues céder aux passions et aux intérêts de leurs princes (24). — Les combats éternels qu'elle aurait eus à soutenir du côté de ses passions sont enfin finis (114).—Vous avez désiré qu'on élût des décemvirs, ils ont été créés. Les décemvirs vous ont déplu, nous les avons forcés d'abdiquer (92).— Partout ailleurs la tyrannie a plus ou moins subsisté suivant qu'elle a plus ou moins négligé de se cacher. On l'a vue quelquefois désarmer la multitude irritée (12).— Citoyens, c'est le champ qui vous a nourris, c'est le toit qui vous a vus naître, c'est le tombeau de vos pères, le berceau de vos enfants, que vous êtes appelés à défendre.— Ils n'ont pas épargné les maisons de ceux qu'ils ont su être acquéreurs de domaines dits *nationaux* (12).— Racine, Voltaire, Fénelon, Massillon, et ceux qui, comme eux, ont goûté cette mollesse heureuse des anciens, l'ont laissée entrer dans leurs compositions (92).— Les hommes n'ont jamais plus admiré les singes que quand ils les ont vus imiter les actions humaines (28).—Cette modération que les Spartiates avaient d'abord montrée, les avait empêchés de former des projets d'agrandissement (40).

4e EXERCICE.

108.—De jeunes serviteurs, que son toit a vus naître,
Animent la maison, et bénissent leur maître (5).

Tant que la France vivra, on louera la magnificence de Louis XIV, qui a protégé les arts que François Ier avait fait naître (162).—En mil-huit cent-vingt-deux, un tremblement de terre détruisit les deux tiers d'Alep, que la peste et un second tremblement de terre ont achevé de ruiner.— On la soupçonnait (Sempronia) d'être complice de plusieurs assassinats, et on l'avait vue nier des dépôts en justice avec plus de hardiesse et de confiance que n'en avaient ceux qui en demandaient la restitution (159).— La fortune nous a fait naître dans des temps si corrompus qu'il était impossible de redresser nos républiques, ni même d'en empêcher la ruine (68. Cicéron à Démosthènes). — On s'est contenté de mettre de petites notes à côté de certains endroits qu'on a cru les mériter (88). — Quand Jugurtha eut enfermé une armée romaine, et qu'il l'eut laissée aller sous la foi d'un traité, on se servit contre lui des troupes qu'il avait sauvées (120).

QUATRIÈME PARTIE. (601 à 606.)

PREMIER DEGRÉ.

1er EXERCICE.

109.— Des fleurs, j'en ai cueilli pour vous, parce que vous m'en avez demandé.—De ces livres, j'en ai donné à mes amis, j'en ai gardé, et je vous en prêterai.—Combien en avez-vous gardé? — Autant que j'en ai donné. — Autant de services j'ai reçus, autant j'en ai rendus.—J'en ai plus rendu que je n'en ai reçu. Combien j'en ai rendus! —On reproche aux savants d'être orgueilleux; j'en ai cependant beaucoup rencontré de modestes. — Parmi tous ses malheurs, combien il en a eus par sa propre faute! — De la peine, que j'en ai eu!—Il m'a obligé; vous ne sauriez croire quels services j'en ai reçus. — Que de jours heureux j'aurais vécu près de vous! — Il a composé plus d'ouvrages que vous n'en avez jamais lu. — Que d'honneurs de beaux habits nous ont souvent valus! mais aussi que de tourments ils nous ont coûtés!— Que de sommes cette entreprise a déjà coûté! — Cette maison, dites-vous, vaut cent mille francs; elle ne les a jamais valu.

2ᵉ EXERCICE.

110. — De toutes les personnes que nous avons cherché à obliger dans cette circonstance, nous n'en avons point trouvé qui nous en aient remerciés. — Voilà des arbres que j'ai fait planter, et que j'ai vus croître ; les fruits que j'en ai recueillis m'ont déjà dédommagé des soins qu'ils m'ont coûtés. — Des devoirs que vous ont donnés vos maîtres, combien en avez-vous déjà fait ? — J'ai perdu une sœur chérie, que j'avais toujours cru devoir me survivre, et que j'ai vu enlever en peu de jours. Que de pleurs sa perte m'a coûtés ! quelle profonde et longue douleur j'en ai ressentie ! — Les deux nuits qu'elle a dormi l'ont beaucoup soulagée, et elle nous a paru presque rétablie. — Nous les avons trouvés bien longs, ces huit jours que nous avons voyagé. — Que de gens nous ont nui ! — Combien nous en avons trouvés sur la reconnaissance desquels nous avions compté, et qui non seulement ne nous ont point aidés, mais encore nous ont desservis ! — Vous ne sauriez vous imaginer les peines que m'ont coûtées les démarches que j'ai cru utile de faire ; j'en ai tant fait d'infructueuses que je désespère de réussir : encore combien n'en ai-je pas faites de vaines, et que j'avais si bien cru devoir être suivies d'un plein succès ! — Parmi les personnes qu'on m'a assuré m'être favorables, je n'en ai trouvé qu'une qui m'ait bien accueilli. — Nous avons rendu plus de services que nous n'en avons reçu.

DEUXIÈME DEGRÉ.

EXERCICE.

111. —Des chauves-souris, j'en ai vu de très-grosses en Amérique. — Paris abonde en gobe-mouches; combien n'en a-t-on pas vus passer des heures entières pour être témoins du plus simple évènement! — On nous a servi des choux-fleurs que nous avons trouvés excellents, et chacun en a redemandé. — Que de peine ces longs calculs m'ont coûtée! ce sont de vrais casse-tête. — Les contre-marques que nous avions reçues ne nous ont pas servi, parce qu'on en avait changé. — Cet arbre portait de belles et bonnes mouille-bouche; vous ne sauriez croire combien il m'en a données. —Dans ce serre-papiers j'avais déposé des feuilles. Que sont-elles devenues? N'en avez-vous pas pris? Combien en avez-vous pris? — Que d'éloges ces chefs-d'œuvre ont valus à ceux qui les ont produits! — Il y a aux environs de Paris de jolis pied-à-terre; nous en avons loué de fort agréables. — Autant ces cochers nous ont demandé de pour-boire, autant nous leur en avons donnés! — Il a fait plus de coq-à-l'âne que nous n'en avons jamais entendu. — Combien d'hôtels-Dieu a fondés la charité! Combien en a-t-elle dotés! Que de sommes ils ont coûté!

TROISIÈME DEGRÉ.

1er EXERCICE.

112. — Y a-t-il rien de comparable à l'attachement du

chien pour la personne de son maître? On en a vu mourir sur le tombeau qui le renfermait (28). — La renommée que Virgile décrit d'une manière si brillante, est fort supérieure à toutes les imitations qu'on en a faites (50). — Philippe-Auguste, ou du moins le roi Jean et Charles-le-Sage, eurent plus de peine à arrêter la valeur des Bretons, que leurs ancêtres n'en avaient mis à contenir la fureur des Normands (162). — Par son analyse, Descartes fit faire plus de progrès à la géométrie qu'elle n'en avait fait depuis la création du monde (155). — Les tyrans d'Athènes firent mourir en huit mois plus de citoyens que la guerre n'en avait moissonné dans le Péloponèse.

Pendant ces derniers temps combien en a-t-on vus
Qui, du soir au matin, sont pauvres devenus
Pour vouloir être trop tôt riches (72)!

J'en ai beaucoup vu poussés à bout sur cette matière (74).

Combien en a-t-on vus, je dis des plus huppés,
A souffler dans leurs doigts dans ma cour occupés! (134)

Confucius, en parlant des hommes, a dit: J'en ai vu qui étaient peu propres aux sciences, mais je n'en ai point vu qui fussent incapables de vertus (162). — L'expérience n'est pas tant le fruit d'un grand nombre d'années que l'on a vécu, que d'un grand nombre de moments que l'on a observé. — Mes manuscrits raturés, barbouillés et même indéchiffrables, attestent la peine qu'ils m'ont coûtés (143). — Les dépenses que m'ont coûté les maladies dont j'ai été accablé ici, m'ont réduit à un état bien dur (162).

2ᵉ EXERCICE.

113. — Toutes les années que vous avez croupi dans une honteuse ignorance ont été perdues pour vous (20). — On a vu des hommes qui ont eu quelquefois la faiblesse de se croire supérieurs à leur profession, ce qui est le plus sûr moyen d'être au-dessous; mais on n'en avait point encore vu qui voulussent l'avilir (162). — Aucun peuple n'a été plus fier que les Athéniens de produire des hommes de mérite, et n'en a plus produit. Aucun peuple aussi ne les a plus persécutés (40). — Si la témérité a réussi à quelques-uns, elle en a beaucoup conduit à leur perte. — Ces terribles agonies effraient plus les spectateurs qu'elles ne tourmentent le malade; car combien n'en a-t-on pas vus qui, après avoir été à la dernière extrémité, n'avaient aucun souvenir de tout ce qui s'était passé, non plus que de ce qu'ils avaient senti! (28) — De tant de plaideurs qu'il a défendus, combien n'en a-t-il pas ruinés (101)! — Combien de fois Gênes, Florence et Pise ont-elles changé de maîtres! Si Venise n'en a jamais eu, elle ne doit cet avantage qu'à ses profonds marais appelés lagunes (162). — On doit remarquer que ce qui a le plus contribué à rendre les Romains les maîtres du monde, c'est qu'ayant combattu successivement contre tous les peuples, ils ont toujours renoncé à leurs usages sitôt qu'ils en ont trouvé de meilleurs (120). — Ils ont prodigué libéralement leur temps et leurs peines pour la venir critiquer (la tragédie d'Alexandre), sans compter les chagrins que leur ont peut-être coûtés les applaudissements que leur présence n'a pas empêché le public de me donner (134).

3e EXERCICE.

114. — Il y a beaucoup plus de médailles frappées à la gloire des princes qui ont réparé les édifices publics, qu'en l'honneur de ceux qui en ont fondé de nouveaux (139). — Ce ne sont pas les victoires de David toutes seules qui l'ont rendu le modèle des rois ses successeurs; Saül en avait remporté sur les Philistins comme lui (24). — La plupart des gens croient que tout ce qui n'est pas sensible et palpable est chimérique et purement imaginaire; j'en ai beaucoup vu poussés à bout sur cette matière par des preuves de métaphysique, mais nullement persuadés, parce qu'ils avaient dans la tête qu'on les trompait par quelque subtilité cachée (74). — On a honte d'avouer que l'on a eu de la jalousie, et on se fait honneur d'en avoir eu (138). — Ah! Dieu veut finir mes peines, puisqu'il vous inspire plus de bonté envers moi, qui vous suis étrangère, que je n'en ai trouvé dans mes parents (18). — Les Russes sont venus tard; et, ayant introduit les arts tout perfectionnés chez eux, il est arrivé qu'ils ont fait plus de progrès en cinquante ans, qu'aucune nation n'en avait fait par elle-même en cinq cents années (163).

Oui, c'est moi qui voudrais effacer de ma vie
Les jours que j'ai vécu sans vous avoir servie (42).

Quand les historiens diront de Louis-le-Grand, à meilleur titre qu'on ne l'a dit d'un fameux capitaine de l'antiquité, qu'il a lui seul plus fait d'exploits que les autres n'en ont lu, qu'il a pris plus de villes que les autres n'ont souhaité d'en prendre; quand ils assureront qu'il n'y a point de potentat, quelque ambitieux qu'il puisse être, qui, dans les vœux secrets qu'il fait au ciel, ose lui demander autant de prospérité et de gloire que le ciel en a accordé libéralement à ce prince, la vérité, sous ces ornements oratoires si pompeux, pourra être désavouée ou méconnue (21).

CINQUIÈME PARTIE. (606 à 610.)

PREMIER DEGRÉ.

1er EXERCICE.

115.—Que de malheurs il y a eu dans cet incendie! que de sommes il a fallu pour les réparer! — Cette personne est plus aimable que je ne l'aurais cru.—Cette affaire est plus sérieuse que je ne l'ai pensé.—Cette bête, comme nous l'avons vu, est privée de force et d'instinct.—Cette bête, comme nous l'avons vu, paraît privée de mouvement.—Quelle quantité de pierres on a tirées de cette carrière!—Quelle grêle de pierres il a reçue sur le dos! L'état de sa fortune, qu'on avait cru prospère, ne lui permit pas de faire de tels sacrifices.—L'état de sa fortune, qu'on avait crue considérable, ne lui permit pas de faire de tels sacrifices.—Cet auteur nous dit que c'est un livre utile, et non pas une satire, qu'il a composé; mais lisez son ouvrage, et vous serez convaincu que c'est une véritable satire, et non pas un bon livre, qu'il a publiée.—Elle fut irritée du peu d'égards qu'on avait eu pour elle.—Elle parut satisfaite du peu d'égards qu'on avait eus pour elle, tant elle s'attendait à un mauvais accueil.—Je n'ai pas eu à me plaindre du peu de considération qu'on m'a accordé, puisque j'étais entièrement inconnu.—C'est à votre attention que je dois sans doute le peu de considération qu'on m'a accordée.

2e EXERCICE.

116.—Que de pertes nous ont coûtées les orages multipliés qu'il y a eu cette année !—Cette pièce que nous avons vu jouer plusieurs fois, nous a paru bien plus intéressante que nous ne l'aurions pensé.—A voir votre mère aussi souffrante, nous l'aurions jugée plus malade qu'on nous l'avait dit.—De tous les malheurs qu'il y a eu, combien n'en a-t-il pas soulagés !—Il a épousé une femme jeune et riche, comme il l'avait désiré ; mais les années qu'il a vécu avec elle ont été abreuvées d'amertume, et ont détruit pour jamais cette espérance de bonheur qu'il avait commencé à concevoir.—Cette personne n'est pas telle que vous nous l'avez annoncée. Nous l'avons trouvée beaucoup moins instruite que nous ne l'avions pensé.—Quelle suite de malheurs il nous a prédits, et que nous avons vus arriver !—Cette masse de neiges que nous avons cru devoir nous ensevelir, est tombée derrière nous avec un fracas qui nous a fait évanouir.—Le peu de peine que lui a causé la mort de sa mère, nous a servi à prouver son mauvais cœur et son ingratitude.—Elle est si sensible que le peu de peine qu'elle a éprouvée l'a rendue malade, et l'a empêchée de prendre part à la fête qu'elle nous avait préparée.—C'est au peu de connaissances que j'ai acquises que je dois cette place qu'on m'a assuré être stable.—Quelle forêt de préjugés nous avons abattue, disait un philosophe à une femme d'esprit : voilà donc pourquoi l'on nous a débité tant de fagots, répondit-elle.—Le peu de soldats qu'il a trouvé dans la citadelle l'a d'autant plus surpris que la résistance avait été longue et opiniâtre.—Le peu de soldats qu'il a trouvés dans la citadelle le suivit.

DEUXIÈME DEGRÉ.

EXERCICE.

117.—Parmi les voix d'enfant, j'en ai entendu de fort belles.—En passant devant cette chapelle, j'entendis des voix d'enfants qui me firent éprouver une sensation plus délicieuse que je ne l'aurais cru.—Que de têtes d'hommes vertueux il y a eu de tranchées! — Que de feuilles d'arbre il a fallu pour couvrir ainsi les chemins!—Le peu de compote de pommes que j'ai prise m'a adouci la poitrine.—La conserve de roses est meilleure que je ne l'aurais cru.—C'est un flacon d'eau de rose qu'on a renversé. — Voilà un des plus beaux bouquets de roses qu'on m'ait donnés.—Il y a plusieurs sortes de mensonges qu'on nous a désignées.—Cette contrée est plus riche en blé et en fruit que je ne l'avais imaginé.—Le peu de sûreté qu'ils ont vu pour leur vie les a forcés de s'éloigner.—Le peu d'attention que ces cavaliers ont eu pour leurs dames les a fait passer pour des gens sans éducation.—Le peu d'attention qu'il a mise à son travail ne lui a servi de rien, parce que vous l'avez dérangé à tout moment.—Cette lettre, qui est arrivée plus tôt que je ne l'aurais désiré, m'a causé quelque peine.—J'ai évité la difficulté qu'il y aurait eue à employer l'une et l'autre personne. — Les mauvais temps qu'il a fait ont nui aux vignes, et ruiné beaucoup de marchands de vin.

TROISIÈME DEGRÉ.

1er EXERCICE.

118.—Que de temps, que de réflexions n'a-t-il pas fallu pour épier et connaître les besoins, les écarts et les ressources de la nature! (12)— Rappelez-vous, Athéniens, toutes les humiliations qu'il vous en a coûté (162).—La famine arriva comme Joseph l'avait prédit (162).—Triomphez, hommes lâches et cruels, votre victoire est plus grande que vous ne l'avez cru (92).—La démocratie, comme nous l'avons remarqué, n'a pas pour les petits états les mêmes inconvénients que pour les grands (40).—Il nous fit comprendre que la chose était plus sérieuse qu'il ne l'avait pensé (104).—C'est moins son intérêt que votre félicité qu'il a eue en vue (20).—C'est sa gloire, plus que le bonheur de la nation, qu'il a ambitionnée (20).—Le célèbre Duguay-Trouin est un des plus grands hommes de mer qu'ait eus la France (162).— Quelle foule d'honnêtes gens ce fourbe a trompés! (34) — Le petit nombre d'épigrammes qu'on a retenues de Martial est heureusement de celles qu'on peut citer (92). — Elle regagne, par une course rapide, le peu de moments qu'elle a perdus (74).— Les femmes vous savent bon gré du peu de défiance que vous avez montré contre les artifices du sexe (187).

2e EXERCICE.

119.—On a vu des femmes très-savantes, comme il y en a eu de guerrières; mais il n'y en a jamais eu d'inventrices (162).—Charlemagne a gouverné avec gloire une des plus vastes monarchies qu'il y ait eu depuis celle des Romains. — Quelle goutte de sang a-t-il répandue qui n'ait servi à la cause commune? (70) — Les chaleurs qu'il y a eu ont causé de violents orages (20). — C'est en Egypte que l'on conçut une des idées les plus utiles à la morale qu'il y ait jamais eu (155). — Il faut que le petit nombre de grands hommes que la nation carthaginoise a portés n'ait dû leur mérite qu'à un heureux naturel (139).— Quand les rois n'étaient pas encore parvenus au degré de puissance qu'ils ont eue depuis, la veuve de Louis-le-Gros ne fit aucune difficulté d'épouser Mathieu de Montmorency (162).—Marcus Manlius était un des plus braves guerriers que Rome eût jamais élevés, mais son ambition et sa vanité étaient encore plus grandes que sa valeur (159).—La conduite des dix mille Grecs fut aussi savante que courageuse; ils marchaient sur deux colonnes, plaçant dans l'intervalle le peu de bagages qu'ils avaient conservés (150).

SIXIÈME PARTIE. (610, 611.)

PREMIER DEGRÉ.

EXERCICE.

120. — Elle s'est tuée. Elle s'est donné la mort. Elle s'est nui. Ils se sont présentés. Ils se sont parlé. Les fêtes se sont succédé. Elles se sont servies de divers moyens. Ils se sont proposés pour vous accompagner. Ils se sont proposé de vous accompagner. Ils s'étaient associé un négociant. Ils s'étaient associés à un négociant. Ils se seraient entendus pour nous tromper. Nous nous sommes entendu

appeler. Elle s'est sentie renaître. Elle s'est senti arrêter. Elle s'était crue bien malade. Quelle peine s'est donnée votre père! Ils se sont dits nos amis. Que de maux se sont attirés les joueurs! Elles s'étaient imaginé que nous nous étions réconciliés. Que de maux se sont fait sentir! Des renseignements, nous nous en sommes procuré qui ne se sont pas trouvés favorables. Il a bien des ennemis, mais combien ne s'en est-il pas attirés par sa faute! Il s'en est trop attiré. Cette dictée est plus difficile que je ne me l'étais imaginé. Combien de fautes il s'y est glissé! Une foule d'idées s'est présentée à mon esprit.

DEUXIÈME DEGRÉ.

EXERCICE.

121.— L'aigle s'est élevé jusqu'aux nues. Les Romains avaient perdu des aigles qui se sont retrouvées. Leurs amours se sont passées rapidement. Nos délices se sont changées en amertume. Les exemples que je me suis procurées viennent des meilleurs maîtres. Les œuvres de charité se sont multipliées. Personne ne s'est présenté. Quelque chose s'est perdu. Quelque chose qu'on se soit dite, je la saurai. Ces bonnes gens se sont vu blâmer de s'être laissé tromper. L'armistice s'est enfin conclu. Que d'offres on s'est faites! Les vivres que nous nous sommes procurés nous ont coûté cher. En se voyant ainsi entourées, les sentinelles se sont crues perdues. Les autels des dieux se sont vu abandonner.

TROISIÈME DEGRÉ.

1er EXERCICE.

122. — La gloire des hommes se doit toujours mesurer aux moyens dont ils se sont servis pour l'acquérir (138).

Les sages de tout temps se sont servis des fous (162).

Athènes qui, dit-on, s'était défendue contre Alaric, ne résista point à Mahomet (160).

Le bon sens rit des efforts déraisonnables et impuissants de quelques personnes pour courber des chênes qui se sont redressés depuis vingt-cinq ans (140). — Elle s'est trouvée en danger de succomber; mais, en rappelant sa vertu, elle s'est reproché sa faiblesse (24).

Damon et Pythias, tous deux élevés dans les principes de Pythagore, et liés ensemble de la plus étroite amitié, s'étaient juré l'un à l'autre une inviolable fidélité (139).

Que les époux se gardent mutuellement la foi qu'ils se sont promise (12).

Que d'amis se sont nui en cherchant à s'obliger !

Eh! parbleu, vous deviez m'avertir :
Nous nous serions parlé sans sortir de la salle (137).

2e EXERCICE.

123.—Les poètes épiques se sont toujours plu à décrire les batailles (50).

Des vaisseaux phéniciens s'étant rendus maîtres d'une galère athénienne, y trouvèrent Métiochus (12). — Le sage ne se conduit par les lumières d'autrui qu'autant qu'il se les est rendues familières.

Comment s'est éclipsée tant de gloire! Comment se sont anéantis tant de travaux !(12) — C'est ordinairement la peine que s'est donnée un auteur à limer et à perfectionner ses écrits, qui fait que le lecteur n'a point de peine en les lisant (21).

Quelques-uns de nos auteurs se sont imaginé qu'ils surpassaient les anciens (56).

La véritable cause de cette guerre fut le dépit des Carthaginois de s'être vu enlever la Sicile et la Sardaigne (139). — Le peuple, irrité plus que jamais contre les patriciens, nomma une commission chargée de faire des informations contre ceux qui s'étaient laissé corrompre par Jugurtha (150).

Quand les Numantins se furent fait livrer par Jugurtha ses éléphants, ses chevaux, ses trésors, ses transfuges, ils lui demandèrent de livrer sa personne (120).

On ne s'est jamais écarté de l'exacte probité sans se l'être reproché.

Dans toutes ses actions, c'est sa gloire, plutôt que le bonheur du peuple, qu'il s'est proposée (2). — Une troupe de pirates nommés Uscoques s'étaient établis dans les terres que la maison d'Autriche possède sur la mer Adriatique (147). — Une foule d'écrivains se sont égarés dans un style recherché, violent, inintelligible, ou dans la négligence totale de la grammaire (162).

3e EXERCICE.

124.— Ces rois avaient été condamnés aux peines du Tartare pour s'être laissé gouverner par des hommes méchants (68).

Les choses sont venues à un état qui ne se peut plus

soutenir ; tes femmes se sont imaginé que ton départ leur laissait une impunité entière (120).

Brennus investit le Capitole, et fit sommer ceux qui s'y étaient renfermés de lui livrer la place; mais les ayant trouvés inébranlables, il tenta d'enlever le fort par escalade (159).

C'est à Alexandrie que s'est formée une école de philosophie chrétienne, où ont paru avec éclat tant de doctes personnages.

Les souverains se sont quelquefois donné des cartels. L'empereur Héraclius ayant proposé à Cosroès, roi de Perse, de terminer par un combat singulier une guerre qu'ils s'étaient déclarée, celui-ci, après avoir accepté le défi, mit lâchement à sa place un de ses officiers, qu'il avait revêtu de ses armes.

Tandis que les autres législateurs se sont bornés à empêcher le mal, Lycurgue nous a contraints d'opérer le bien et d'être vertueux (12).

Rome s'était agrandie parce qu'elle n'avait eu que des guerres successives; chaque nation, par un bonheur inconcevable, ne l'attaquant que quand l'autre avait été ruinée (120).

---

125. — A mesure que les hommes se sont répandus sur la terre, il s'est formé des nations séparées, qui, se conformant aux lieux qu'elles habitaient, se sont accoutumées à différentes manières de vivre, et dont les caractères ont été d'autant plus différents qu'il y a eu moins de communication entre elles (40).

Rappelez-vous, Athéniens, les humiliations qu'il vous en a coûté pour vous être laissé égarer par vos orateurs (162).

Un effet constant, universel, demande une cause constante, universelle; et comment ne pas reconnaître la voix de la nature et de la vérité qui a retenti dans l'univers et s'est fait entendre à tous les cœurs (76) ?

Démosthènes, lâche dans les combats, s'est donné la mort; et Alexandre l'a vue arriver avec frayeur, lui qui l'avait tant de fois affrontée avec témérité (40).

La pente vers le mal, disait Charondas, est très-grande, et plusieurs de ceux qui d'abord ont aimé la vertu se sont laissé entraîner aux plus grands vices par leurs rapports inconsidérés avec des personnes sans principes.

Autant de rivaux il s'est présenté, autant il en a vaincus.

Les jésuites se sont, à la vérité, servis de la religion pour ôter la liberté aux peuplades du Paraguay; mais ils les ont policées, ils les ont rendues industrieuses (162).

Les Romains s'étaient faits à la discipline. La sévérité de Manlius et l'exemple de Régulus y ont beaucoup contribué (101).

Plusieurs des rois d'Égypte qui avaient foulé leurs peuples pour élever ces pyramides immenses, furent flétris par la loi et privés des tombeaux qu'il s'étaient eux-mêmes construits (155).

Si les Romains avaient rapidement conquis toutes les villes voisines, ils se seraient trouvés dans la décadence à l'arrivée de Pyrrhus, des Gaulois et d'Annibal ; et, par la destinée de tous les états du monde, ils auraient passé trop vite de la pauvreté aux richesses, des richesses à la corruption (120).

---

126. — On a vu des bouvreuils qui, ayant été forcés de

quitter leur maître, se sont laissés mourir de regret (28).

La Livonie, la plus belle et la plus fertile province du nord, avait appartenu autrefois aux chevaliers de l'ordre teutonique. Les Russes, les Polonais et les Suédois s'en étaient disputé la possession. La Suède l'avait enlevée depuis près de cent années, et elle lui avait été enfin cédée solennellement par la paix d'Oliva (162).

Il n'est pas étonnant que des princes qui avaient détrôné leur père, se soient voulu exterminer l'un l'autre (162).

Une foule d'écrivains se sont plu à recueillir tout ce que les femmes ont fait d'éclatant (155).

Les sociétés des animaux se sont évanouies, leur industrie est devenue stérile, leurs faibles arts ont disparu, chaque espèce a perdu ses qualités générales, et tous n'ont conservé que leurs propriétés individuelles (28).

Divers accidents peuvent tromper les espérances des entrepreneurs, et j'en ai vu plusieurs qui s'étaient ruinés faute de moyens et d'intelligence (12).

Parmi cette foule de princes que l'abus du pouvoir a précipités du trône, plusieurs ont péri pour expier des injures personnelles dont ils s'étaient rendus coupables, ou qu'ils avaient autorisées (12).

Phocion a chassé d'Érétrie ce Plutarque qui la tyrannisait, et de l'Eubée tous ces petits despotes qui s'étaient vendus à Philippe (12).

Lockmann disait, en parlant de la sagesse, qu'il l'avait apprise des aveugles, qui ne posent jamais le pied sans s'être assurés de la solidité du terrain (2).

4e EXERCICE.

127. —Tous les arbres sont découpés par de petits polissons qui se sont amusés à écrire leurs noms sur l'écorce (162).— La Porte ottomane, qui, dans la guerre contre le czar, s'était crue trahie par le célèbre Cantomir, hospodar de Moldavie, ne voulut plus confier cette province qu'à des gouverneurs étrangers (160). — Les deux Corneille se sont distingués dans la république des lettres : les deux Cicéron ne se sont pas également illustrés (14).—En mil-sept cent-quarante, les Kamtchadales s'étant révoltés, se sont précipités au milieu de la mer, du haut de la montagne où ils s'étaient réfugiés, après avoir massacré leurs femmes, excepté deux ou trois, qui par hasard ont échappé à ce carnage. — La France s'est relevée de toutes ses chutes, et a réparé en peu de temps toutes les pertes qu'avaient causées ses propres fureurs ou celles de ses ennemis. Elle s'est soutenue, quelques grands efforts qu'on ait faits pour l'écraser, et on l'a toujours vue se tirer de la détresse où elle était plongée (150). — Dans l'état populaire on divise le peuple en de certaines classes. C'est dans la manière de faire cette division que les grands législateurs se sont signalés, et c'est de là qu'a toujours dépendu la durée de la démocratie et de sa prospérité (120).

---

128. — Les Génois avaient usurpé l'île de Scio et de Mytilène, et s'étaient établis dans les faubourgs de Constantinople (160).— Rome ne serait peut-être jamais parvenue à dominer le monde, si, attaquée dans son berceau

par tous les peuples voisins, elle ne s'était vue contrainte à faire de son peuple un peuple de héros, toujours prêts à sacrifier leur sang, leur fortune et les liens même de la nature au salut et à la gloire de la patrie.— L'ignorance et l'aveuglement s'étaient prodigieusement accrus depuis le temps d'Abraham (24). —L'éruption du Vésuve est un de ces spectacles que ni le pinceau ni la parole ne saurait produire, et que la nature semble s'être réservé de montrer seule à l'admiration des peuples (190). — Les muses latines et les françaises se sont disputé l'honneur de célébrer la peinture et d'en crayonner les préceptes (57). — La puissance et la gloire de Philippe se sont brisées contre les remparts d'Olynthe (12).—C'est des leçons que Millot donnait à la jeune noblesse de Parme que se sont formés ses Éléments d'histoire générale (121).

SEPTIÈME PARTIE. (612 à 617.)

PREMIER DEGRÉ.

EXERCICE.

129.— Que de mauvaises nouvelles se sont répandues ! Quel prix s'est vendue cette maison? Nous nous sommes abstenus de parler. Elle s'en serait bien repentie. Les ennemis se sont emparés de la ville. Elle s'était moquée de nos menaces. Quels droits s'est-elle arrogés? Nous nous sommes persuadés qu'on approuverait notre conduite. Elles s'étaient persuadées qu'on les approuverait. Ne s'est-elle pas imaginé qu'on lui pardonnerait? Elle s'est bientôt aperçue de son erreur. Nous nous sommes doutées, dirent-elles, que vous vouliez nous tromper;

nous nous en étions aperçues à vos signes. A notre vue, elle s'est tue. Elle s'est repentie de s'être attaquée à nous.

DEUXIÈME DEGRÉ.

130. — Des autels se sont élevés. Ces hymnes se sont long-temps chantées dans nos églises. Les ténèbres se sont dissipées. L'incendie s'est étendu. Que de pleurs se sont versés ! Mon érysipèle s'est guéri. Nous nous sommes abstenus de légumes tant qu'ils se sont vendus cher. Les fibres s'étaient relâchées. Les sentinelles se sont repenties de s'être laissé surprendre. Nos vivres s'étant épuisés, nous nous sommes persuadés que nous éprouverions une longue famine. Nous ne nous étions pas aperçus que midi était passé. L'écaille s'est toujours vendue cher. L'orchestre s'est rempli en un instant.

TROISIÈME DEGRÉ.

1er EXERCICE.

131. — Les hommes s'étaient bien aperçus que dans leurs passions d'amour, de colère, de crainte, il s'excitait des mouvements dans leurs entrailles (162).

Vous ne vous êtes pas attendue, mademoiselle, que j'approuverais ce caprice (54).

Les Romains se sont tus (159).

Si tant de mères se sont tues,
Que ne vous taisez-vous aussi ? (72)

Ils se retirèrent après s'être assurés que tout le monde dormait dans une profonde tranquillité (159).

La cour de Rome ne s'était pas attendue que ceux qu'elle traitait de barbares pourraient lui ravir la moitié de l'Europe..

Quelques-uns ont pris l'intérêt de Narcisse, et se sont plaints que j'en eusse fait un très-méchant homme (134).

Lorsque le gouvernement a une forme depuis longtemps établie, et que les choses se sont mises dans une certaine situation, il est presque toujours de la prudence de les y laisser (120).

2e EXERCICE.

132. — Les descendants d'Hercule, soutenus d'un corps de Doriens, s'étant emparés de la Laconie, vécurent sans distinction avec les anciens habitants de la contrée (12).

Mais sa haine, sur vous autrefois attachée,
Ou s'est évanouie, ou s'est bien relâchée.

Les Mamertins, sortis de la Campanie, s'étaient emparés de Messine par un attentat semblable à celui de la garnison romaine à Reggio (118).

Si Homère a eu des temples, il s'est trouvé bien des infidèles qui se sont moqués de sa divinité (162).

Dans ces derniers temps, les Anglais ont pénétré dans l'Indo-Chine, et se sont emparés de plusieurs provinces.

Les Gaulois, s'étant emparés de la villle de Rome, en furent chassés par Camille (2).

Catilina n'avait échappé à la rigueur des lois que par l'adresse qu'il avait eue de corrompre ses propres accusateurs, qui, à prix d'argent, s'étaient désistés de leur action (159).

Les affaires qui ont passé par les bureaux se trouvent à la longue toujours plus solides que celles qui ne se sont faites que par faveur (143).

EXERCICES GÉNÉRAUX.

133. — Les Grecs, encore ignorants, se sont exagéré le savoir des Égyptiens, et cette prévention qu'ils ont prise lorsqu'ils jugeaient mal encore, ils l'ont conservée lorsqu'ils pouvaient mieux juger (40).

Tous les parfums que j'ai répandus sur ma tête, disait Callimaque, toutes ces couronnes, toutes ces roses que j'y ai placées, ont perdu pour moi leurs charmes; il ne me reste rien des fêtes splendides où je me suis trouvé. Dès le lendemain tout était évanoui; il n'en est pas de même de l'instruction que j'ai reçue : ces grandes sentences restent encore gravées au fond de mon cœur.

On sait qu'en Egypte, les prêtres conservent dans leurs temples l'état circonstancié des cures qu'ils ont opérées. En Grèce, les ministres d'Esculape ont introduit cet usage dans presque tous les lieux où ils se sont établis. Hippocrate en connut le prix, et puisa une partie de sa doctrine sur le régime dans une suite d'anciennes inscriptions exposées auprès du temple que les habitants de Cos ont élevé en l'honneur d'Esculape (12).

La peur du ridicule a produit chez nous plusieurs effets salutaires : elle a poli nos mœurs et notre langage; elle a donné de l'élégance à nos manières et à nos parures; elle nous a rendus moins grossiers dans nos passions, moins emportés dans la dispute; elle a voilé les vices qu'elle n'a pas détruits : nous lui devons la réputation d'être le peuple le plus sociable (150).

Dans toute la Grèce, les lois ont mis des entraves au commerce; celles de Carthage en ont mis quelquefois à la propriété des colons. Après s'être emparée d'une partie de la Sardaigne, et l'avoir peuplée de nouveaux habitants, Carthage leur défendit d'ensemencer leurs terres, et leur ordonna d'échanger les fruits de leur industrie contre les denrées trop abondantes de la métropole (12).

134.— Quelque soin que j'aie pris pour travailler cette tragédie (*Britannicus*), il semble qu'autant que je me suis efforcé de la rendre bonne, autant de certaines gens se sont efforcés de la décrier; il n'y a point de cabale qu'ils n'aient faite, point de critique dont ils ne se soient avisés (134).

Il ne faut pas juger de la puissance des Perses par les conquêtes qu'ils ont faites. Ils ont vaincu les peuples amollis, uniquement parce qu'ils n'étaient pas amollis eux-mêmes; et, s'ils ont eu quelque supériorité dans la manière de faire la guerre, ils ne l'ont eue qu'avec des peuples chez qui l'art militaire n'avait fait aucun progrès, et qui, comme eux, n'avaient jamais combattu qu'avec de grandes armées (40).

Il paraît que les lions ont dans tous les temps donné la préférence aux climats les plus chauds; qu'ils se sont rarement habitués dans les pays tempérés, et qu'ils n'ont jamais habité dans les terres du nord (28).

D'autres maux renversent des états, et en élèvent de nouveaux. On en a vu qui ont sapé par les fondements de grands empires, et qui les ont fait évanouir de dessus la terre, pour varier et renouveler la face de l'univers (88).

Quel étrange compte à rendre d'une vie passée dans la

faveur! des conseils que l'on a donnés, de ceux qu'on a négligé de donner ou de suivre, des biens que l'on n'a point faits, des maux au contraire que l'on a faits, ou par soi-même ou par les autres, en un mot, de toute sa prospérité (88).

Cette mobilité perpétuelle dans les usages nous a fait trop souvent taxer de légèreté; mais les étrangers, qui nous accusent de frivolité, oublient qu'ils ne sont guère plus à l'abri que nous de la censure : si nous avons souvent changé de route pour plaire, ils nous ont suivis; si nous avons créé des modes un peu folles, ils les ont servilement et gauchement imitées, et ce n'est pas à l'ours qu'il convient de se moquer de celui qui le fait danser (150).

---

135. — Je trouve la Providence admirable dans la manière dont elle a distribué les richesses. Si elle ne les avait accordées qu'aux gens de bien, on ne les aurait pas assez distinguées de la vertu, et on n'en aurait plus senti tout le néant. Mais quand on examine qui sont les gens qui en sont le plus chargés, à force de mépriser les riches, on vient enfin à mépriser les richesses (120).

Je ne te nie pas que des peuples barbares n'aient pu, comme des torrents impétueux, se répandre sur la terre, et couvrir de leurs armées féroces les royaumes les plus policés; mais, prends-y garde, ils ont appris les arts, et ils les ont fait exercer aux peuples vaincus : sans cela leur puissance aurait passé comme le bruit du tonnerre et des tempêtes (120. *Lett. pers.*).

Les recherches les plus exactes qu'on a faites sur l'origine de la peinture, n'ont produit que des incertitudes.

Des auteurs nous ont assuré qu'elle a commencé à Sicyone, et d'autres ont affirmé que c'est Corinthe qui l'a vue naître. Les Égyptiens s'en sont dits les inventeurs longtemps avant que les Grecs s'en fussent occupés.

Les anciens brames ont mené la vie la plus austère, et les faquirs, qui leur ont succédé, ont, depuis deux mille ans, suivi le même exemple; quelques-uns même se sont montrés plus rigoureux. Des milliers d'hommes chez les Bochiens et les Indiens se sont abstenus de viande, de vin, et de liqueurs fermentées (2).

---

136. — La religion juive est un vieux tronc qui a produit deux branches qui ont couvert toute la terre; je veux dire le mahométisme et le christianisme, ou plutôt c'est une mère qui a engendré deux filles qui l'ont accablée de mille plaies... mais, quelques mauvais traitements qu'elle en ait reçus, elle ne laisse pas de se glorifier de les avoir mises au monde (120).

Par un instinct merveilleux, le papillon pourvoit à la conservation de son espèce. Des œufs qu'il a pondus sortiront de nouvelles générations. Mais où les a-t-il déposés quand s'est annoncée la saison rigoureuse? comment les a-t-il garantis des pluies et des froids qui se sont succédé? La Divinité, qui a donné la sagesse à l'homme, s'est aussi plu à instruire les animaux. Le papillon tire de son corps une matière gluante, dont il enduit ses œufs, déposés sur des plantes qu'il a jugées lui-même convenables à leur entretien.

Coriolan commença le récit de ses services par ses premières campagnes : il rapporta toutes les occasions où il s'était trouvé, les blessures qu'il avait reçues, les récompenses militaires dont ses généraux l'avaient honoré, et enfin les différents grades de la milice par où il avait passé; il exposa à la vue de tout le peuple un grand nombre de différentes couronnes qu'il avait reçues, soit pour être monté le premier sur la brèche dans un assaut, soit pour avoir forcé le premier le camp ennemi, soit enfin pour avoir, en différents combats, sauvé la vie à un grand nombre de citoyens (159).

---

137. — Jamais le nom de la Grèce ne serait arrivé jusqu'à nous, si l'Asie, venant fondre sur elle, n'eût forcé ses habitants à faire des prodiges de valeur, de patriotisme et de vertu qui l'ont rendue si célèbre. Rome ne serait peut-être jamais parvenue à dominer le monde, si, attaquée dans son berceau par tous les peuples voisins, elle ne s'était vue contrainte à faire de son peuple un peuple de héros, toujours prêts à sacrifier leur sang, leurs fortunes, et les liens même de la nature au salut et à la gloire de la patrie (150).

J'ai marché aux ennemis (dit le consul Servilius) que j'ai défaits en deux batailles, et que j'ai contraints de se renfermer dans leurs places; et, pendant qu'ils s'y tenaient comme cachés, par la terreur de vos armes, j'ai ravagé à mon tour leur territoire; j'en ai tiré une quantité prodigieuse de grains, que j'ai fait apporter à Rome, où j'ai rétabli l'abondance. Quelle faute ai-je commise jusqu'ici? Me veut-on faire un crime d'avoir remporté deux victoires? Mais j'ai, dit-on, perdu beaucoup de monde dans le dernier combat. Peut-on livrer des batailles contre une nation aguerrie, qui se défend courageusement, sans qu'il y ait de part et d'autre du sang répandu ? (159)

---

138. — Printemps de la vie, jeunesse riante, quand les fleurs dont tu embellis maintenant mon front se seront flétries ; quand le feu du sentiment et du génie, qui embrase mon ame, se sera éteint sous les glaces de l'âge, ô vieillesse inexorable ! quand ta froide main aura sillonné mon visage, et courbé sous ses coups mon corps appesanti ; beaux arbres que j'ai plantés, que mes yeux ont vus croître, quand je viendrai vous demander d'une voix presque éteinte un de vos rameaux pour soutenir mes bras défaillants et ma marche chancelante ; alors, abandonné du monde entier, triste rebut de l'humanité, toute ma ressource, hélas ! tout mon bonheur sera de fixer sur toi mes regards, sur toi, ô Soleil, ô tendre consolation des vieillards, leur plus doux spectacle et leur dernier ami (189).

Dans les commencements, il n'y avait encore ni rois ni nations : il n'y avait que des familles dont le père était le chef. Si, dans la suite, plusieurs familles se sont réunies, c'est que dans les commencements, elles se seront trouvées faibles contre les bêtes féroces ou contre d'autres familles ennemies. Le motif de cette réunion les aura donc forcées à marcher sous un chef ; elles auront choisi celui qu'elles jugeaient le plus propre à les conduire (40).

Qu'y a-t-il de plus merveilleux que de voir toujours subsister la religion par les mêmes fondements dès les commencements du monde, sans que, ni l'idolâtrie et l'impiété qui l'environnaient de toutes parts, ni les tyrans qui l'ont persécutée, ni les hérétiques et les infidèles qui ont tâché de la corrompre, ni les lâches qui l'ont trahie, ni ses sectateurs indignes qui l'ont déshonorée par leurs crimes, ni enfin la longueur du temps, qui seule suffit pour abattre les choses humaines, aient jamais été capables, je ne dis pas de l'éteindre, mais de l'altérer (24).

---

139. — Depuis qu'on a donné un cours aux grands fleuves, ces marais se sont dissipés, et l'Allemagne a changé de face. Les ouvrages de Valentinien sur le Necker, et ceux des Romains sur le Rhin, ont fait bien des changements : et le commerce s'étant établi, des pays qui ne produisaient point de chevaux, en ont donné, et on en a fait usage (120).

La plupart des législateurs se sont amusés à faire des institutions puériles, avec lesquelles ils se sont à la vérité conformés aux petits esprits, mais décrédités auprès des gens de bon sens. Ils se sont jetés dans des détails inutiles; ils ont donné dans les cas particuliers, ce qui marque un génie étroit, qui ne voit les choses que par parties, et n'embrasse rien d'une vue générale. Quelques-uns ont affecté de se servir d'une autre langue que le vulgaire, chose absurde pour un feseur de lois. Il ont souvent aboli sans nécessité celles qu'ils ont trouvées établies; c'est-à-dire, qu'ils ont jeté les peuples dans les désordres inséparables des changements (40).

Rome était faite pour s'agrandir, et ses lois étaient admirables pour cela. Aussi, dans quelque gouvernement qu'elle ait été, sous le pouvoir des rois, dans l'aristocratie, ou dans l'état populaire, elle n'a jamais cessé de faire des entreprises qui demandaient de la conduite, et y a réussi. Elle ne s'est pas trouvée plus sage que tous les autres états de la terre en un jour; mais continuellement elle a soutenu une petite, une médiocre, une grande fortune, avec la même supériorité, et n'a point eu de prospérités dont elle n'ait profité, ni de malheurs dont elle ne se soit servie (120).

---

140. — « La puissance formidable de Porsenna, la famine qu'il a fallu endurer pendant un long siège, des assauts, des combats continuels, rien enfin a-t-il pu ébranler la foi que nous vous avions donnée? Trente villes des Latins s'unissent pour rétablir les Tarquins; qu'auriez-vous fait alors si nous vous avions abandonnés, et si nous nous étions joints à vos ennemis? Quelles récompenses n'aurions-nous pas obtenues de Tarquin, pendant que le sénat et les nobles auraient été les victimes de son ressentiment? Qui est-ce qui a dissipé cette ligue si redoutable? (159)

« A qui êtes-vous redevables de la défaite des Latins? n'est-ce pas à ce même peuple, l'auteur de cette puissance que vous avez depuis tournée contre lui? Car quelle récompense avons-nous tirée du secours si utile de nos armes? La condition du peuple romain est-elle devenue plus heureuse? L'avez-vous associé à vos charges et à vos dignités? Nos pauvres citoyens ont-ils seulement trouvé quelque soulagement dans leur misère? N'a-t-on pas vu, au contraire, nos plus braves soldats accablés sous le poids des usures, gémir dans les fers d'impitoyables créanciers? Que sont devenues tant de vaines promesses d'abolir à la paix toutes les dettes que la dureté des grands leur avait fait contracter? A peine la guerre a-t-elle été finie, que vous avez également oublié nos services et vos serments» (159).

Les Goths.

141. — Les Goths, qu'on dit sortir de la Scandinavie, se sont d'abord établis au nord de la Germanie; ils ont commencé à s'illustrer dans le 3e siècle, et se sont montrés, dès cette époque, les ennemis les plus redoutables des Romains, qu'avaient déjà corrompus et affaiblis le luxe et la mollesse. Les Goths, qui avaient embrassé le christianisme, s'étaient partagés en deux branches, qu'on a désignées sous le nom d'Ostrogoths et de Visigoths. La partie orientale du Danube était occupée par les premiers, et la partie occidentale par les autres. Attaqués dans ces vastes contrées par les Huns vers l'an 375, les uns se sont laissé subjuguer, et la plus grande partie s'est vue forcée de quitter la Germanie.

Le Favori.

142. — Un roi de Perse avait un favori; mais, quelque grandes que fussent les dignités qu'il avait accumulées sur sa tête, de quelques richesses qu'il l'eût comblé, l'ame de ce favori s'était conservée pure et sans tache au milieu des séductions que la cour lui avait offertes. Il avait des manières toutes simples et tout aimables qui auraient dû le faire chérir de tous les courtisans, quels qu'ils fussent. Il aimait véritablement son roi, et les services qu'il avait

rendus à l'état n'avaient point été inspirés par l'ambition. Sa conduite, tout humble, toute sage qu'elle était, avait excité l'envie des courtisans, qui avaient déjà fait pour le perdre, tous les efforts qu'ils avaient pu ; mais il s'en fallait de beaucoup que le roi fût disposé à renvoyer cet excellent ministre, pour lequel il avait une estime et un attachement extraordinaires, une amitié à toute épreuve. Cependant quelques grands services qu'il eût rendus à ce prince, quel que fût son dévouement pour lui, la jalousie des courtisans parvint enfin à le perdre ; et les moyens qu'ils avaient résolu d'employer, eurent un tel succès que le ministre fut condamné à l'exil.

Je suis la vérité et la vie.

143. — Quel est celui qui a eu le droit de se rendre ce magnifique témoignage, qu'il était la vérité et la vie, et d'élever la voix au milieu des nations pour leur dire, en parlant de lui-même : Avant moi des sages ont paru qui ont brillé par leur doctrine, par l'éclat de leur génie, et qui ont enseigné aux hommes d'utiles vérités ; mais ils se sont laissé égarer par des erreurs, et on les a vus abuser de leurs lumières pour accréditer le mensonge ; c'est moi seul qui possède la plénitude de la science véritable : Je suis la vérité.

Avant moi, des amis de l'humanité, des législateurs habiles se sont proposé de policer les peuples, de réformer les mœurs ; mais combien les efforts qu'ils ont faits se sont trouvés impuissants ou bornés ! C'est moi qui viens répandre dans les cœurs des sentiments qu'ils n'ont point encore connus, des germes de vie qui ne les ont point encore animés : je suis la vie.

Depuis que toutes choses furent créées, il ne s'est trouvé qu'une seule personne qui eût pu, sans faste comme sans restriction, s'appeler la vérité et la vie. C'est le libérateur qu'attendaient les enfants de Jacob, que les prophètes avaient nommé le désiré des nations, c'est Jésus-Christ. A ce nom sacré les enfers ont frémi, toutes les passions se sont déchaînées, tous les peuples se sont d'abord soulevés, ils ont dit : rejetons loin de nous et le Christ et ceux qu'il nous a envoyés, et le joug des lois qu'ils ont cherché à nous imposer. Mais ils ont parlé en vain; Dieu s'est ri de leurs projets, et Jésus-Christ a triomphé. Sa doctrine a trouvé les plus ardents défenseurs dans ceux mêmes qui l'avaient repoussée; tous les genoux ont fléchi devant lui, et son triomphe a fait le bonheur du monde.

Les Visigoths.

144. — C'est après avoir ravagé l'Italie et saccagé la capitale des empereurs qui les avaient accueillis et protégés, que les Visigoths, qu'avaient enorgueillis leurs succès, se sont établis dans la Gaule, où leur domination, commencée en 412, a fini en 496. C'est en 415 que, conduits par leur roi Ataulf, ils ont porté leurs armes au-delà des Pyrénées, et se sont emparés de Barcelone. Ayant poursuivi leurs conquêtes en Espagne, ils y ont régné jusqu'à ce que les Sarrasins les eussent complètement vaincus à la bataille de Xérès au commencement du 8e siècle.

Quelques milliers cependant, qui avaient échappé au massacre, et s'étaient réfugiés dans les Asturies, ont fondé, cinquante ans après, un nouvel état chrétien, connu sous le nom de royaume de Léon.

Décadence de l'empire romain.

Divisés par des haines envenimées, énervés par le luxe qu'ils avaient apporté de l'Orient, accablés par un despotisme qui les avait rendus esclaves, les Romains se sont laissé subjuguer par les barbares que le nord avait vomis, et qui, endurcis par les travaux de la guerre, avaient glorieusement servi dans les armées romaines, et s'étaient établis près de l'empire qu'ils s'étaient en quelque sorte partagé d'avance. Plusieurs souverains, guidés par une politique peu éclairée, avaient employé dans leurs armées des corps entiers de ces barbares, et leur avaient donné des établissements dans les provinces frontières de l'empire, pour récompenser les services qu'ils en avaient reçus; mais ils se sont bientôt repentis de leur imprudence; car ils les ont vus envahir leur belle patrie, qui s'était rendue la maîtresse du monde.

Les Arabes.

145. — Ce fut sous le califat de Nalid, l'an de Jésus-Christ sept cent onze, que les Arabes, connus sous le nom de Sarrasins, ont envahi l'Europe, qui s'est vue près de devenir la proie de ces barbares. La monarchie des Visigoths en Espagne, qu'ils ont attaquée d'abord, et qui s'est vu détruire par eux, était tombée en décadence par la faiblesse à laquelle ses rois s'étaient laissés aller, et par le pouvoir abusif dont les grands et les évêques s'étaient emparés, et dont ils s'étaient servis pour abuser le peuple. Tarec Abenzara, l'un des généraux du calife, ayant réuni une armée nombreuse, descendit sur les côtes de l'Anda-

lousie, et prit poste sur une montagne appelée Calpée, mais qui fut ensuite nommée Gibeltarec, aujourd'hui Gibraltar. C'est près de la ville de Xérès que s'est livrée une bataille sanglante et décisive entre ce général et Roderic, roi des Visigoths, qui y perdit la vie. Les Sarrasins s'étant rendus maîtres de l'Espagne et du Languedoc, étendirent leurs conquêtes dans toute l'Europe méridionale. Cette belle contrée, qu'avaient déjà illustrée tant de siècles de gloire, eût fléchi tout entière sous le joug de ces barbares, si Charles-Martel ne les eût complètement vaincus aux environs de Poitiers et de Narbonne en 732 et 737.

L'Europe.

146. — Si l'Europe est la plus petite des parties du monde, elle est la mieux cultivée, la plus civilisée, et proportionnellement la plus peuplée. Sa superficie est évaluée à quatre cent-quatre-vingt-treize mille-huit cent-cinquante lieues carrées, et sa population s'est accrue à plus de deux cents millions d'habitants. Les arts et les sciences, qu'on y a cultivés et perfectionnés depuis des siècles, ainsi que les évènements qui s'y sont succédé, l'ont rendue à jamais célèbre : telle l'Égypte, aujourd'hui plongée dans l'ignorance et l'abrutissement, a cependant survécu dans l'histoire aux siècles de prospérité et de gloire qui l'ont immortalisée. Les genres et les espèces d'animaux se sont moins multipliés en Europe que dans les autres parties du monde; et, à mesure que s'est accrue la civilisation, on a exterminé les espèces nuisibles, on ne les y a point laissées se propager, et on en a beaucoup relégué loin du sol qui les avait vues naître, tandis que les races utiles, s'y étant multipliées et améliorées, y ont apporté l'abondance et la richesse.

Invasion des Cimbres.

147. — Les Cimbres, s'étant proposé la conquête de l'Italie, s'étaient joints aux Teutons et à d'autres peuples sortis des forêts de la Germanie. Ces barbares ayant renversé tout ce qui s'offrait à leur passage, menaçaient de franchir les Alpes. Déjà quatre-vingt mille Romains ou alliés, malgré la résistance qu'on les avait vus opposer, avaient péri dans plusieurs combats, où la tactique romaine ne s'était laissé vaincre que par la féroce valeur de ces sauvages guerriers endurcis par les climats rigoureux qui les avaient vus naître.

Après avoir changé de direction, traversé les Pyrénées et ravagé toute l'Espagne, ces hordes de barbares menacèrent de nouveau les Gaules et l'Italie, qu'avait épouvantées leur invasion ; mais, quel que fût leur nombre, quelque endurcis qu'ils fussent aux travaux de la guerre, quelques grandes victoires qu'ils eussent remportées, ils ne purent résister au génie de Marius, à qui l'on avait confié le commandement des troupes romaines. Après leur avoir livré plusieurs batailles, il les défit d'abord près de l'Helvétie, leur tua deux cent mille hommes, et leur fit quatre-vingt-dix mille prisonniers, presque tous composés d'Ambrons et de Teutons.

Précis historique sur l'Afrique.

148. — L'Afrique, qu'on a reconnu être beaucoup plus petite que l'Asie, est la contrée qu'on a le moins explorée. Son climat brûlant, ses déserts affreux, ses habitants tout barbares ou tout stupides, l'ont fait passer long-temps pour la dernière des contrées du globe. Cependant une

partie de cette terre désolée s'est enorgueillie d'être les délices du monde, et un de ses peuples, qui a bien dégénéré, nous a donné les premières notions des sciences. L'Egypte en effet, tout abrutie et toute méprisée qu'elle est, a été le berceau des connaissances humaines; et la côte de Barbarie s'est vu surnommer le jardin du Monde, pendant toute la période de temps qu'a duré la fortune de Carthage et de Rome. Traçons en quelques mots les différentes révolutions qu'il y a eu dans cette contrée. Les anciens n'ont point connu le contour entier de l'Afrique, quoique plusieurs aient avancé que les Phéniciens et les Carthaginois en avaient fait le tour, car la plupart de ceux qui ont écrit sur la géographie ancienne se sont tus sur ces voyages, ou les ont révoqués en doute. Il est donc vrai de dire que les Grecs et les Romains n'ont connu de l'Afrique que la côte septentrionale, qui s'est vue tout aussi célèbre dans l'antiquité qu'elle est justement méprisée dans nos temps modernes. Les Egyptiens, à l'orient, ont rempli le monde du bruit de leur sagesse, de leurs lois, de leur gouvernement et de leurs travaux. Les Carthaginois, à l'occident, se sont rendus encore plus célèbres par leurs richesses et leurs victoires. On les a vus disparaître les uns et les autres sous la puissance romaine; et elle a succombé elle-même sous les coups des barbares qui se sont laissé vaincre à leur tour par d'autres barbares. C'est ainsi que les générations se sont succédé parmi les peuples, aussi bien que parmi les hommes.

---

149. — C'est au commencement du cinquième siècle que les barbares ont envahi pour la première fois cette terre qu'avaient illustrée plusieurs siècles de civilisation.

Genseric, avec les Vandales, en a chassé les Romains, et a élevé son royaume sur les ruines mêmes de Carthage. Les Vandales, qui s'étaient emparés de l'Afrique, s'en sont vus dépouiller par l'empire d'Orient, qui n'a pas long-temps joui de sa conquête; car cette contrée fut bientôt subjuguée par les Sarrasins, qui se sont distingués autant par leur fanatisme que par leur courage, et qui ont fait tous les maux qu'ils ont pu. Ces nouveaux maîtres s'étant divisés, battus et affaiblis, ont été vaincus par les Turcs. Les Sarrasins se sont montrés destructeurs par profession et par goût; pendant leur domination, qui a duré quelques siècles, on les a vus abandonner leurs champs et infester les mers; mais quelque grandes que fussent les cruautés qu'ils ont commises, quelques funestes ravages qu'on leur eût vu faire, les Turcs les ont surpassés en barbarie.

Telle est l'histoire succincte de la prospérité et de la décadence de la côte septentrionale de l'Afrique. Elle s'est trouvée plus intéressante que nous ne l'avions cru, et elle nous a fait désirer de lire les ouvrages que plusieurs voyageurs se sont empressés de publier sur cette partie du Monde, qui jusqu'à présent est peu connue, excepté les côtes et quelques contrées que l'on a assuré être riches et très-populeuses. Ces voyageurs, que n'ont pu effrayer les dangers qu'ils ont eus à courir, se sont plu à explorer quelques parties de l'Afrique. Leurs relations se sont succédé; mais comme on en a trouvé qui se contredisaient, d'autres voyageurs se sont proposé de parcourir les mêmes pays, quels que fussent les périls dont ils étaient menacés. M. Le Vaillant, un des plus zélés voyageurs que nous ayons eus, nous a décrit le caractère et les mœurs des peuplades qu'il a cherché à connaître. Que de renseignements il s'est procurés ! Que de peines ils lui ont coûtées ! Mais aussi que d'éloges ils lui ont valus, malgré les erreurs qu'il a laissées échapper. Quelques critiques, tout en applaudissant au peu de bonnes choses qu'ils ont trouvées dans son ouvrage, lui ont reproché avec quelque raison le peu d'attention qu'il a mis à rectifier ses erreurs, tout évidentes qu'elles étaient. Plusieurs autres intrépides voyageurs s'étant laissé éblouir par l'espoir de nouvelles découvertes, se sont imaginé d'embrasser le mahométisme, et, de cette manière, se sont procuré les moyens de parcourir avec plus de sûreté et de facilité l'intérieur de l'Afrique. Combien en a-t-on connus qui, ayant sacrifié à cette passion irrésistible des voyages, leur fortune, leur religion, leurs familles même, se sont vus périr avant d'arriver dans ces contrées, qu'ils avaient résolu de visiter! On en a tant perdu, qu'il ne s'est point encore présenté de nouveaux voyageurs pour tenter de si grands périls.

SYNTAXE DU VERBE.

SECTION III.

Emploi des auxiliaires avoir *et* être.

1er EXERCICE.

150. — Elle a accouché courageusement (2). — Vous n'avez pas oublié les périls dont vous êtes sorti par mes conseils (68). — Monsieur a sorti ce matin, et il est de retour (191).

Partout au même instant la trompette a sonné (134).

Une autre fois Phocion s'entendit applaudir ; j'étais par hasard auprès de lui ; il se tourna, et me dit : Est-ce qu'il m'est échappé quelque sottise? (12) — L'autorité n'a fait que passer dans vos mains ; elle vous a échappé comme un songe (68). — Le jeune Marius célébra les obsèques de son père par la mort de plusieurs sénateurs qui avaient échappé aux premières fureurs de la proscription (159). — J'ai resté plus d'un an en Italie, où je n'ai vu que les débris de cette ancienne Italie, si fameuse autrefois (120).

Que peut contre le roc une vague animée?
Hercule a-t-il péri sous l'effort de Pygmée? (129)

Les Romains ont passé de la liberté à la licence, et de la licence à la servitude (113). — Les Romains ont bien dégénéré de la vertu de leurs ancêtres (192). — La cupidité des particuliers acheva d'enlever ce qui avait échappé à l'avarice publique (120).

---

151. — Ils ont passé par moi pour aller jusqu'à vous (162).

J'ai déjà déménagé quatre fois. — Il ne demeure plus ici, il est déménagé. — Quel temps avez-vous demeuré en Angleterre? — Sept mois (119). — Tout le monde est demeuré d'accord qu'on ne peut pas mieux faire que vous avez fait (119).

Pour moi qui, de vos mains recevant sa couronne,
Deux ans après sa mort ai monté sur son trône,
Madame, jusqu'ici respectant vos douleurs,
Je n'ai point rappelé le sujet de vos pleurs (162).

Je ne dois qu'à moi seul, et non à un sang illustre, les grandeurs *où* je suis monté (162). — Le lièvre a parti à quatre pas des chiens (2). — C'est par les Phéniciens que la mer est devenue le lien de la société de tous les peuples de la terre (68). — Le roi est tellement déchu dans l'esprit des siens qu'il devient l'objet de leur mépris (24). — Une république fameuse, remarquable par la singularité de son origine, etc., a disparu de nos jours, sous nos yeux, en un moment (48). — Il tomba dans une apoplexie épouvantable dont il est mort ce matin (151).

Un bruit assez étrange est venu jusqu'à moi (134).

Maurice eut des vues qui avaient échappé à Vauban, à Cohorn (155).

Offrons-lui (à Dieu) les bienfaits qu'il dispense aujourd'hui.
Jamais plus digne encens n'aura monté vers lui (37).

A ces mots tout-à-coup élancé dans les mers,
Protée a disparu sous les flots entr'ouverts (99).

2e EXERCICE.

152. — Les Romains furent défaits, et le consul P. Cornelius Scipion serait tombé entre les mains des ennemis, si Publius Scipion, son fils, n'eût accouru à son secours (159).

En tumulte au palais je suis vîte accouru ;
Dans toute sa fureur mon transport a paru (43).

Gustave a triomphé sitôt qu'il a paru (162).

Dans ce désordre affreux, quels fleuves ont tari ?
. . . . quels peuples ont péri (50)?

Les siècles ont passé, le temps rapide a fui ;
Mais les jours écoulés recommencent pour lui (le poète).
(117)

Avec ma fille, hélas ! tendresse, espoir, bonheur,
Tout a fini pour moi, tout est mort pour mon cœur (193).

Suivez l'histoire des superstitions de chaque peuple et de chaque pays; elles ont duré un certain nombre d'années, et sont tombées ensuite avec la puissance de leurs sectateurs (114).—Les appointements et les pensions sont restés les mêmes, et le prix des denrées est monté à plus du double (162). — Ces rois ont vécu dans une telle mollesse, qu'à peine leur nom est-il venu jusqu'à nous (24).

3e EXERCICE.

153. — Le dissimulé feint de n'avoir pas aperçu les choses où il vient de jeter les yeux, ou, s'il est convenu d'un fait, de ne plus s'en souvenir (88).

Les uns sont demeurés dans une paix profonde,
. . . .
Les autres, à l'état rendus plus nécessaires,
Ont éclairé l'Église, ont monté dans les chaires (162).
(Sur les prêtres.)

Le portrait de Tarquin n'a point été flatté; son nom n'a échappé à aucun des orateurs qui ont eu à parler contre la tyrannie (120).

Peut-être, si la voix ne m'eût été coupée,
L'affreuse vérité me serait échappée (134).

Je reçus une lettre de vous, datée de Potsdam ; comme vous l'aviez adressée à Bordeaux, elle est restée plus d'un mois en chemin (120).—Périclès fut assez corrompu pour te croire ; il alluma la guerre, il y périt. Ta patrie y est presque périe aussi; elle y a perdu sa liberté (68. Mercure à Alcibiade). — C'est une idée qui m'avait passé une fois par la tête, et que j'ai laissée là comme une bagatelle (119). — Les Persans, les Turcs, les Maures, se sont policés jusqu'à un certain point; mais les Arabes sont demeurés pour la plupart dans un état d'indépendance qui suppose le mépris des lois (28). — Les critiques se sont évanouies, la pièce est demeurée (134). — Depuis ta lettre reçue, je suis allé tous les jours chez M. Sylvestre (143).

4e EXERCICE.

154. — C'est à l'ombre des lois que tous les arts sont nés (155).

Quoi ! de quelque côté que je tourne la vue,
La foi de tous les cœurs est pour moi disparue (134).

On voit encore le haut des mâts long-temps après que le corps du vaisseau a disparu (134).

A peine ai-je parlé qu'ils sont accourus tous (133).

Jamais Voltaire n'avait été plus brillant que dans *Alzire*, et l'on a peine à concevoir qu'il ait tombé de si haut jusqu'à *Zulime*, ouvrage médiocre (92). — *Bérénice*, qui a fait verser bien des larmes sous Louis XIV, n'en ferait pas répandre une seule aujourd'hui; nous sommes donc bien dégénérés (185). — Cet avis (du sénateur Appius Claudius) fut approuvé tout d'une voix, et on loua hautement Appius de n'avoir pas dégénéré de la vertu de ses ancêtres (159). — Quand la contagion fut cessée, saint Charles Borromée fit rendre à Dieu de solennelles actions de graces. — On se plaint de l'état d'enfance; on ne voit pas que la nature humaine eût péri si l'homme n'eût commencé par être enfant (143). — Le sot orgueil de l'homme exigeant, qui veut que tout soit fait pour lui, est peut-être le plus théâtral des ridicules qui ont échappé à Molière (113). — De grands avantages en sont résultés (122).

Que Paris est changé! les Welches n'y sont plus;
Je n'entends plus siffler les ténébreux reptiles,
Les Tartufes affreux, les insolents Zoïles.
J'ai passé; de la terre ils étaient disparus (162).

SECTION IV. — EMPLOI DES MODES.

1° *Mode indéfini.*

155. — Caton avait raison de reprocher à Rome d'être devenue une ville grecque (113).—Il fallait enfin, par un choix de modèles en tout genre, arrêter le progrès du mauvais goût et du faux bel-esprit (106). —Le blaireau a les jambes trop courtes pour pouvoir bien courir (28).—Vos raisons sont trop bonnes d'elles-mêmes, sans être appuyées de ces secours étrangers (134). — La fortune est trop inconstante pour qu'on puisse compter sur ses faveurs.

Suis-je un de tes sujets pour me traiter comme eux? (162)

C'est un trésor trop cher pour oser le commettre (134).

La chose est de trop de conséquence pour la traiter sérieusement (162). — La conduite de Condé et sa mort funeste à la bataille de Jarnac sont trop remarquables pour n'être pas détaillées (162).—Il résulterait des observations de Montesquieu que l'Allemagne était faite pour qu'on y voyageât, l'Italie pour qu'on y séjournât, l'Angleterre pour qu'on y pensât, et la France pour qu'on y vécût.

Prétendez-vous encor me cacher l'empereur ?
. . . .
Vous l'ai-je confié pour en faire un ingrat ?
Pour être, sous son nom, les maîtres de l'état (134) ?

C'est pour que tu sois heureux, mon fils, que je t'ai donné une bonne éducation.

2° *Mode affirmatif et mode subjonctif.*

PREMIÈRE PARTIE. (633 à 636.)

PREMIER DEGRÉ.

1er EXERCICE.

156. — Un homme qui remplit constamment ses devoirs est un homme extraordinaire. — Un homme qui remplisse constamment ses devoirs se rencontre rarement. — Mentor voulait une grande quantité de jeux et de spectacles qui animassent le peuple, mais surtout qui exerçassent les corps pour les rendre plus adroits, plus souples et plus vigoureux (68). — Elle ne prendra jamais pour époux qu'un homme qui craigne les dieux et qui remplisse toutes les bienséances (68). — Combien voit-on de parvenus qui sont hautains et insolents! — Combien voit-on de parvenus qui soient affables et modestes?

Croit-on que dans ses flancs un monstre m'ait porté (134)?

Il ne paraît pourtant pas que Tibère voulût avilir le sénat: il ne se plaignait de rien tant que du penchant qui entraînait ce corps à la servitude (120).

La parfaite raison fuit toute extrémité,
Et veut que l'on soit sage avec sobriété (110).

La Providence a permis que les barbares aient détruit l'empire des Romains, et aient vengé l'univers vaincu. — On trouve rarement la gaieté où n'est pas la santé : Scarron était plaisant, j'ai peine à croire qu'il fût gai (194).

Quelque haute valeur que puisse être la vôtre,
Vous n'avez en ces lieux que deux bras comme un autre. (42).

Oh! s'il est vrai qu'il y ait au-dessus de l'homme quelque être plus puissant et meilleur que lui, duquel il dépende, je conjure cet être par sa bonté d'employer sa puissance à me secourir (68).

2e EXERCICE.

157. —On ne s'apercevait pas qu'il parlât à une personne si élevée (24).—Ils n'avaient pas honte de faire des bassesses pour captiver ma bienveillance : je ne pouvais croire qu'ils fussent Espagnols (104).— Ma versification n'est point un assemblage de sentiments communs et d'expressions triviales, que la rime seule soutienne 104.— Pompée aspirait à des honneurs qui le distinguassent de tous les capitaines de son temps (159).

Le croirai-je, seigneur, qu'un reste de tendresse
Vous fasse ici chercher une triste princesse (134)?

Je savais bien que Phénice était hors de Madrid depuis plus de deux ans, mais j'ignorais qu'elle fût comédienne (104).—Je me flatte que vous n'avez rien vu dans mes enfants qui sentît l'empire et l'autorité, même avec le dernier domestique (143).

Ah! madame, est-il vrai qu'un roi fier et terrible
Aux charmes de vos yeux soit devenu sensible (44)?

Ne cherchez pas un homme qui ait vaincu les autres dans les jeux d'esprit et de corps, mais qui se soit vaincu lui-même; cherchez un homme qui ait vos lois écrites dans le fond de son cœur, et dont toute la vie soit la pratique de ces lois; que ses actions, plutôt que ses paroles, vous le fassent choisir (68).—Je relisais sans cesse cette lettre, et ne pouvais me persuader qu'elle fût de Philoclès (68).—Je suppose qu'il y ait parmi vous une société de gens si passionnés pour la chasse qu'ils s'en occupassent uniquement, il est sûr qu'ils en contracteraient une certaine rudesse (120).—Que de dons du ciel ne faut-il pas pour bien régner! Une naissance auguste, un air d'empire et d'autorité, un visage qui remplisse la curiosité des peuples empressés de voir le prince, et qui conserve du respect dans un courtisan (88.)

DEUXIÈME DEGRÉ.

1er EXERCICE.

158. — Le peu de jours que les dieux me destinent encore à passer sur la terre, seront environnés de gloire et d'honneurs. Mon bonheur ne finira pas même avec cette vie mortelle; et, s'il est vrai qu'il y ait différents lieux pour nos ames après la mort, je n'ai rien à craindre de ces endroits obscurs et ténébreux où sont relégués les méchants (159).—De quelque côté que me soient venues les observations, de quelque manière qu'elles m'aient été faites, je les ai toutes examinées avec la plus grande attention (31). — On voit peu de gens que la protection des muses ait sauvés des mains de la justice (134). — La physionomie n'est pas une règle qui nous soit donnée pour juger des hommes : elle nous peut servir de conjecture (88). — L'insatiable rapacité a cherché des dépouilles même où il n'y avait guère de richesses qui fussent à son usage (92). —Il n'est pas juste qu'on soit exposé après sa mort à des

insultes qu'on aurait repoussées pendant sa vie (12). — Ne croyons pas que notre ame soit une portion de la nature divine, comme l'ont rêvé quelques philosophes : Dieu n'est pas un tout qui se partage (24).—Je crains qu'ils ne se soient laissé tromper. — Caïus Marius, âgé de plus de soixante-dix ans, après six consulats qu'il avait exercés avec autant d'autorité que de gloire, se vit réduit à sortir de Rome à pied, et sans avoir ni amis ni domestiques qui l'accompagnassent dans sa fuite (119). Les tribuns disaient dans toutes les assemblées qu'ils s'étaient toujours bien doutés que les présents du sénat cachaient un poison secret (159).—Moïse ne conte point des choses qui se soient passées dans des retraites impénétrables et dans des antres profonds (24).

2ᵉ EXERCICE.

159. — S'il est vrai que l'on soit pauvre par toutes les choses que l'on désire, l'ambitieux et l'avare languissent dans une extrême pauvreté (88).

Un prêtre, quel qu'il soit, quelque dieu qui l'inspire,
Doit prier pour ses rois, et non pas les maudire (162).

Quels que soient le sujet et le ton de l'ode, le principe en est invariable (113).— On ne voit que des gens qui font aisément des choses médiocres, mais des gens qui en fassent, même difficilement, de fort bonnes, on en trouve très-peu (21). — Du moins ne voyons-nous pas que les Grecs, après Euripide et Sophocle, soient tombés, comme nous, dans l'oubli total de toutes les règles du bon sens (92). —Pierre-le-Grand avait à peine quatre ans et demi, quand il perdit son père. On n'aimait point les enfants du second lit, et l'on ne s'attendait pas qu'il dût régner un jour (162.)—On ne peut pas dire que la musique inspirât la vertu ; cela serait inconcevable : mais elle empêchait l'effet de la férocité de l'institution (102).—Je ne me persuade pas que quelques essais écrits sans art et sans autre ornement que celui de la nature, soient des titres suffisants pour oser prendre place parmi les maîtres de l'art (28).— Nous n'avons point de poètes ni d'orateurs que nous puissions comparer aux Virgile ni aux Horace (21). — Caïus proposa de faire construire des greniers publics où l'on pût conserver une assez grande quantité de grains pour prévenir la disette dans des années de stérilité (159).— Charles XII fit publier à son de trompe que tous ceux qui auraient des effets appartenants au roi Auguste ou à ses adhérents les lui apportassent eux-mêmes avant la fin du jour (162).

DEUXIÈME PARTIE. (636 à 641.)

PREMIER DEGRÉ.

1er EXERCICE.

160.—J'aime que vous parliez ainsi.—Je consens que vous le voyiez. — Je suis fâché que vous ne m'écriviez pas plus souvent.—Arbace, outré de voir Sardanapale au milieu d'un sérail, et ne pouvant souffrir que tant de gens de courage fussent soumis à un prince plus mou et plus efféminé que les femmes, conspire contre lui (139). — Les Romains souffraient avec peine que l'Afrique demeurât paisible et tranquille, pendant que l'Italie était infestée par les fréquentes incursions de l'ennemi (139).— Est-il naturel qu'Alaric voulût passer les Alpes et l'Apennin, lorsque Constantin, plus tremblant, s'offrait à sa conquête (162)? — Il suffit qu'il soit malheureux pour que j'oublie ses torts envers moi, et que je le secoure. — Cambyse marchait en furieux contre les Éthiopiens, quoiqu'il manquât de toutes sortes de provisions (139). — Il semble que la rusticité n'est autre chose qu'une ignorance grossière des bienséances (88). — Toutes les fenêtres brillèrent pendant toute la nuit d'un nombre infini de flambeaux et de bougies : il semblait que toute la ville fût en feu (159). — Par la science l'homme ose franchir les bornes étroites dans lesquelles il semble que la nature l'ait renfermé : citoyen de toutes les républiques, habitant de tous les empires, le monde entier est sa patrie (197).

---

161. — Il semble que la présence d'un étranger retient le sentiment, et comprime des ames qui s'entendraient si bien sans lui (143). — D'abord des corps innombrables de Huns passèrent; et, rencontrant les Goths les premiers, ils les chassèrent devant eux. Il semblait que ces nations se précipitassent les unes sur les autres, et que l'Asie, pour peser sur l'Europe, eût acquis un nouveau poids (120). — On dirait que le livre des destins ait été ouvert à ce prophète (24) — Il n'y a jamais que la guerre et les combats effectifs qui fassent les hommes guerriers (139). — Les mouvements des planètes sont les plus réguliers que nous connaissions (28). — Louis VII fut le prince le meilleur et le plus vertueux qui eût encore régné sur la France (158). — Le Camoens fit naufrage sur les côtes de la Chine, et se sauva, dit-on, en nageant d'une main, et tenant de

l'autre son poème, le seul bien qui lui restait (162). — La tendre jeunesse est le seul âge où l'homme peut encore tout sur lui-même pour se corriger (68).—Rome étant une ville sans commerce et presque sans arts, le pillage était le seul moyen que les particuliers eussent pour s'enrichir (120).—Servius ordonna qu'on assemblerait le peuple par centuries, lorsqu'il serait question d'élire des magistrats (159).— Il ordonna qu'on les laissât aller (139).

2ᵉ EXERCICE.

162.—Publius Valérius ordonna qu'on séparât les haches des faisceaux que les licteurs portaient devant les consuls (159). — La mâchoire inférieure est la seule qui ait du mouvement dans l'homme et dans les animaux (28).—Les Romains s'avancèrent aussitôt jusqu'au bord du Téveron, il n'y avait que la rivière qui les séparât des Gaulois (159).— Il semblait que les Romains ne conquissent que pour donner (120).—A mesure que j'entrais dans le pays de ces profanes, il me semblait que je devenais profane moi-même (120).—Racine, lu par les connaisseurs, sera regardé comme le poète le plus parfait qui ait écrit. Voltaire, aux yeux des hommes rassemblés au théâtre, sera le génie le plus éclairé qui ait régné sur la scène (92).—Voilà sans doute la moindre de vos excellentes qualités; mais, madame, c'est la seule dont j'ai pu parler avec quelque connaissance (134).—Amilcar mérit- qu'on lui confiât le commandement de l'armée qui devait agir en Espagne (139).—Il semble que nous augmentons notre être lorsque nous pouvons le porter dans la mémoire des autres : c'est une nouvelle vie que nous acquérons (120).—Le vin est si cher à Paris, par les impôts qu'on y met, qu'il semble qu'on ait entrepris d'y faire exécuter les préceptes du divin Alcoran, qui défend d'en boire (120).—Alcibiade parut à la tribune : un léger défaut de prononciation prêtait à ses paroles les graces naïves de l'enfance; et, quoiqu'il hésitât quelquefois pour trouver le mot propre, il fut regardé comme un des plus grands orateurs d'Athènes (12).

163.—Faut-il s'étonner qu'un écrivain pour qui la poésie est si docile et si flexible, soit un si grand peintre en vers (92)? Virgile est le seul poète latin qui ait excellé dans la pastorale (198).—Les Romains ne pouvaient voir sans indignation que les Carthaginois osassent les attaquer (139).—Encore que les rois de Thèbes fussent sans comparaison les plus puissants de tous les rois de l'Égypte, jamais ils n'ont entrepris sur les dynasties voisines (24).—Anéantir et créer sont les attributs de la toute-puissance; altérer, changer, détruire, développer, renouveler, produire, sont les seuls droits que Dieu a voulu céder (28). Il semble que la nature s'est fait un plaisir de multiplier dans le même endroit les grands hommes, les grands artistes et la matière la plus propre à conserver le souvenir des uns et des autres (12).—Il semblait que le ciel voulût faire expier à la France ses prospérités orgueilleuses (92). —Le nouvelliste connaît la marche de ces armées, il sait ce qu'elles feront et ce qu'elles ne feront pas; vous diriez qu'il ait l'oreille du prince ou le secret du ministre (88):

DEUXIÈME DEGRÉ.

164.—Il semble que la nature ait employé la règle et le compas pour peindre la robe du zèbre (28). — Les autres se sont scandalisés que j'eusse choisi un homme aussi jeune que Britannicus (134).—La parole de Dieu, élevée à une hauteur infinie au-dessus du langage humain, a un tel caractère de magnificence et d'empire, qu'on n'est point étonné que le néant lui ait obéi (34).—Quoique les entreprises du czar Pierre n'eussent pas besoin de succès aux yeux des sages, ses succès ont affermi pour jamais sa gloire (162).—Dioclétien ordonna que les chefs des Manichéens seraient brûlés avec leurs écrits (40).—Le génie poétique de Torquato, la seule richesse qu'il avait reçue de son père, se manifesta dès l'enfance (162).— Néron est le premier empereur qui ait persécuté l'Église (24).— Philippe fut un des plus habiles rois dont l'histoire nous ait conservé le souvenir (150). — La plupart des naturalistes ont cru qu'il n'y avait qu'une espèce d'animal qui fournît le parfum qu'on appelle civette (28).— Il semble que de tout temps la vérité ait eu peur de se montrer aux hommes, et que les hommes aient eu peur de la vérité (92). — Les Egyptiens sont les premiers qui aient bien connu les règles du gouvernement (139).—Aristote fut certainement une des têtes les plus fortes que la nature ait organisées (92). — On disait hautement dans la ville qu'il ne fallait pas s'étonner que les armes n'eussent pas été heureuses sous des chefs qui avaient usurpé le commandement (159).—Le sénat ne vit qu'avec un mécontentement secret que le dictateur Émilius eût diminué la puissance d'une magistrature (la censure) attachée à son ordre (159).

TROISIÈME DEGRÉ.

165.—Il n'est pas possible qu'un esprit toujours rabaissé vers de petits objets produise quelque chose qui soit digne d'admiration et fait pour la postérité.—Je pris congé de ces deux époux en leur protestant que j'étais ravi que l'hymen eût succédé à leurs longues amours. (104).—O rivages, ô promontoire de cette île, ô bêtes farouches, ô rochers escarpés! c'est à vous que je me plains, car il n'y a que vous à qui je puisse me plaindre. Vous êtes accoutumés à mes gémissements (68).—Ce fut une grande satisfaction pour Épaminondas, après la victoire de Mantinée, que son père et sa mère existassent encore, et qu'ils pussent apprendre les nouvelles de son triomphe.—Le premier de tous les peuples où l'on voie des bibliothèques est celui d'Égypte (139).—Les Céciniens furent les premiers qui firent éclater leur ressentiment. Ils entrèrent en armes sur le territoire des Romains (159).—On peut dire que le chien est le seul animal dont la fidélité soit à l'épreuve (28).—Je sens de l'humanité pour les malheureux, comme s'il n'y avait qu'eux qui fussent hommes; et les grands même, pour lesquels je trouve dans mon cœur de la dureté quand ils sont élevés, je les aime sitôt qu'ils tombent (120).—Lycurgue ordonna que tous les citoyens mangeraient ensemble; les rois même furent soumis à cette loi (40).— Caïus et Lucius Julius Serranus, P. Lentulus, etc., tous sénateurs illustres, furent égorgés dans les rues et immolés les premiers à la vengeance de Marius. Il fit porter leurs têtes sur la tribune aux harangues; et, comme s'il eût voulu étendre sa vengeance au-delà même de la mort, il ordonna qu'on laissât ces cadavres mutilés dans les rues, pour être dévorés par les chiens (159).

SECTION V. — EMPLOI DES TEMPS.

Mode affirmatif.

166. — Je t'ai défendu cent fois de râcler ton maudit violon ; cependant je t'ai entendu ce matin. — Ce matin ! ne vous souvient-il plus que vous me le mîtes hier en mille pièces (125) ? — Si le fat pouvait craindre de mal parler, il sortirait de son caractère (88). — On proposa la seconde question en ces termes : Quel est le plus malheureux de tous les hommes ? Chacun disait ce qui lui venait dans l'esprit... D'autres soutenaient que c'est un homme qui a des enfants ingrats et indignes de lui (68). — Appius, outré de la révolte de ses soldats, abandonna son camp ; mais comme il était en marche, les Volsques, avertis par quelques transfuges, vinrent charger avec de grands cris ceux qui fesaient l'arrière-garde. La terreur se répand partout, et passe jusqu'aux corps les plus avancés. Chacun jette ses armes ; ceux qui portaient les enseignes les abandonnent. Ce n'est plus, comme dans la première occasion, une fuite simulée : tout se débande et s'écarte ; et ils ne se rallient qu'après être arrivés sur les terres de la république (159). — Vous m'avez appris qu'un vrai roi, qui est fait pour ses peuples, et qui se doit tout entier à eux, doit préférer le salut de son royaume à sa propre réputation (68).

167.—C'est moi qui vous apprendrai à obéir. — Je vis hier une chose assez singulière, quoiqu'elle se passe tous les jours à Paris (120). — Vous m'avez dit que vous reviendriez le lendemain (145).—Il tenait pour maxime qu'un habile capitaine peut bien être vaincu, mais qu'il ne lui est pas permis d'être surpris (24).—Je me suis échauffé hier pour éviter l'orage, et mes douleurs m'ont repris aujourd'hui (143).—Je vois, par votre billet, que c'est lundi, et non pas dimanche, que vous congédiez notre homme (143).—Ce monsieur-là m'a dit qu'il était médecin (43). — J'ai toujours différé à vous faire réponse jusqu'à présent que j'ai appris que vous ne viendrez point (151).—Vous avez bien prévu que cette lettre m'attendrirait (143).—Le docteur Sangrado déplorait l'ignorance de ceux qui nomment le vin le lait des vieillards. Il soutenait que le vin les use et les détruit. Il disait fort éloquemment que cette liqueur funeste est pour eux, comme pour tout le monde, un ami qui trahit, et un plaisir qui trompe (104).—Je t'ai souvent ouï dire que les hommes étaient nés pour être vertueux, et que la justice est une qualité qui leur est aussi propre que leur existence (120).

---

168. — Jamais Platon ne fut si aimable, jamais sa santé ne nous avait donné de si belles espérances. Dans le temps que je l'en félicitais, il se trouve mal, perd connaissance, et tombe entre mes bras Tous les secours furent inutiles ; nous le fîmes transporter chez lui (12).—

J'entrevoyais déjà que l'agriculture n'est pas fondée sur une aveugle routine, mais sur une longue suite d'observations (12).—Le lynx, dont les anciens ont dit que la vue était assez perçante pour pénétrer les corps opaques, est un animal fabuleux (28).—Si l'on eût prétendu qu'on savait que la terre ne tournait pas, on n'eût point puni Galilée pour avoir dit qu'elle tourne (143).—Tous ceux qui ont médité sur l'art de gouverner les hommes, ont reconnu que c'est de l'instruction de la jeunesse que dépend le sort des empires (12).—J'ai lu à M. Despréaux votre dernière lettre; il en fut très-content et trouva que vous écriviez très-naturellement (134). — Tempanius, qui ne doutait pas que les ennemis ne l'attaquassent de nouveau dès que les ténèbres seraient dissipées, fut bien surpris lorsqu'au point du jour il ne vit plus ni amis ni ennemis (159). — On comprit qu'un champ fertile et bien cultivé est le vrai trésor d'une famille assez sage pour vouloir vivre frugalement comme ses pères ont vécu (68).—On a dit depuis long-temps que les extrêmes se touchent; c'est la vérité de cette pensée qui l'a rendue triviale (150).—Je viens de recevoir de Grimm une lettre qui m'a fait frémir, et que je lui ai renvoyée à l'instant, de peur de la lire une seconde fois (143).

Mort de Romulus.

169. — Un jour, au moment où il passait la revue de son armée sur les bords d'un marais, le ciel s'obscurcit, les nuées s'épaississent, le ciel s'enflamme, le tonnerre éclate; une sombre nuit, sillonnée par des éclairs, succède au jour; des torrents de pluie et de grêle fondent sur la terre; l'ombre, le bruit, la foudre, répandent partout le désordre

et l'effroi. On perd de vue le roi au milieu de ce tumulte, et lorsque la clarté du soleil eut dissipé l'orage, ce prince ne reparut plus.

Le peuple consterné cherchait à venger sa mort; les sénateurs assuraient en vain que les dieux l'avaient enlevé. Dans cet instant de trouble et d'incertitude, le plus estimé des patriciens, Proculus Julius, vénérable par son âge et sa prudence, s'avance au milieu du peuple, et dit : « Romulus, roi et fondateur de Rome, est descendu du ciel, et s'est présenté à moi tout-à-l'heure. Mes yeux l'ont vu resplendissant de lumière et couvert d'armes éclatantes. A sa vue, pénétré tout ensemble d'un respect religieux et d'une sainte terreur, je lui ai demandé en tremblant la permission de lever les yeux sur lui. Va, me dit-il, annonce aux Romains les ordres des dieux; ils veulent que ma ville de Rome devienne la capitale de l'univers; que mon peuple s'applique donc de tout son pouvoir à l'art militaire, et qu'il sache, ainsi que ses descendants, que nulle force humaine ne pourra résister à la puissance des Romains. Après avoir prononcé ces mots, il disparut (150).

Mode subjonctif.

PREMIER DEGRÉ.

1er EXERCICE.

170. — Ce n'est pas l'expérience qui me manque, mais la sagesse; mais, quoique vous vous moquiez de moi, vous ne sauriez nier qu'un homme n'apprenne bien des choses quand il voyage et qu'il étudie sérieusement les

mœurs de tant de peuples (68). — Je souhaiterais, disait Louis XIII, qu'il n'y eût de places fortifiées que sur les frontières de mon royaume, afin que les cœurs de mes sujets servissent de citadelle et de garde à ma personne. — Il n'y eut aucun métier que le czar n'observât, et auquel il ne mît la main, toutes les fois qu'il était dans les ateliers (162). — Où a-t-on pris que la peine et la récompense ne soient que pour les jugements humains (24)? — Depuis plus de trois ans vous n'avez pas donné la moindre marque que vous me connaissiez seulement (134). — Ne soyons pas surpris non plus que Lycurgue ait regardé l'éducation comme l'affaire la plus importante du législateur (12). — Le pauvre qui se montre reconnaissant d'un bienfait, laisse croire que, s'il eût été riche, il se fût montré généreux. — Il ne serait pas moins difficile de prouver que la Suède ait eu des rois presque aussitôt que des habitants (159). — Tibère répondit que son intention était qu'on tondît ses brebis, et non pas qu'on les écorchât (139). Je n'eusse jamais cru que tu eusses pu devenir la honte de ta patrie et la source de tous ses malheurs (68). — Il n'y a point de gens dont la conversation soit si mauvaise, qu'on n'en puisse tirer quelque chose de bon (68). — Il n'est personne qui ne changeât d'opinions, s'il croyait ses opinions fausses (192). — Aristodème, tyran de Cumes, chercha à énerver le courage de la jeunesse. Il voulut que les garçons laissassent croître leurs cheveux, comme les filles; qu'ils les ornassent de fleurs, et portassent des robes de différentes couleurs (120).

---

171. — Quel est l'homme sage qui, dans une incerti-

tude même égale, osât ici balancer (114)? — Le bruit des conquêtes d'Alexandre-le-Grand fit craindre aux Carthaginois qu'il ne songeât à tourner ses armes du côté de l'Afrique (139).—Que le grand Condé embellît cette magnifique et délicieuse maison, ou bien qu'il munît un camp au milieu des pays ennemis, et qu'il fortifiât une place; qu'il marchât avec une armée parmi les périls, ou qu'il conduisît ses amis dans ces superbes allées, au bruit de tant de jets d'eau qui ne se taisaient ni jour ni nuit, c'était toujours le même homme, et la gloire le suivait partout (24). — L'amour-propre vit et règne absolument en nous, à moins que Dieu n'ait détruit son empire en versant un autre amour dans notre cœur (123).— Aristide avait été juste avant que Socrate eût dit ce que c'était que justice. Léonidas était mort pour son pays avant que Socrate eût fait un devoir d'aimer la patrie. Sparte était sobre avant que Socrate eût loué la sobriété; avant qu'il eût loué la vertu, la Grèce abondait en hommes vertueux (143).

C'était la plus belle décoration qu'on puisse imaginer. Lebrun avait fait le dessin (151). — Vous avez beaucoup de graces à rendre à Dieu de ce qu'il a permis qu'il ne vous soit arrivé aucun accident (134). — Jéroboam érigea les veaux d'or, auxquels il donna le nom du dieu d'Israël, afin que le changement parût moins étrange (24).

Depuis trois ans entiers, qu'a-t-il dit, qu'a-t-il fait,
Qui ne promette à Rome un empereur parfait (134)?

Et si nous n'étions seuls, malgré ce que je vois,
Je ne croirais jamais que l'on s'adresse à moi (44).

Le Contradicteur.

Le sentiment d'autrui n'est jamais pour lui plaire ;
Il prend toujours en main l'opinion contraire,
Et penserait paraître un homme du commun
Si l'on voyait qu'il fût de l'avis de quelqu'un (119).

2ᵉ EXERCICE.

172. — Il a fallu que mes malheurs m'aient instruit pour m'apprendre ce que je ne voulais pas croire. Plût aux dieux que je vous eusse cru, ô sage vieillard (68) ! — Croit-on que le Dauphin regardât les honneurs, le sang ou la naissance comme un droit qui dispense d'être vertueux (155)? — Ils demandèrent qu'on leur permît d'élire un roi qui pût les défendre (68). — Ne fais ni ne dis jamais rien que tu ne veuilles que tout le monde voie et entende.—On dirait que l'ancienne Égypte ait craint que la postérité ignorât un jour ce que c'était que la mort, et qu'elle ait voulu, à travers les temps, lui faire parvenir des échantillons de cadavres (34). — Si l'on prétend que j'aie commis quelque crime qui méritât un tel traitement, je suis prêt à m'en purger (162). — Soit qu'un vif ressentiment de ses malheurs ne lui fît voir que des ennemis dans les objets qui l'environnaient, soit que mon âge me déguisât, ou bien que je fusse changé depuis douze années que je ne l'avais vue, elle ne me remit point (104).— Soit que Julie eût étudié sa langue, et qu'elle la parlât par principes, soit que l'usage supplée à la connaissance des règles, elle me semblait s'exprimer correctement (143).

173.— On ne peut douter que les Grecs ne connussent eux-mêmes l'agriculture, et qu'ils n'aient été dans la nécessité de la cultiver (40).— Il a fallu que l'esprit philosophique, introduit fort tard en France, ait réformé les préjugés du peuple, pour qu'on rendît une justice entière à la mémoire de Colbert (162). — Il semblait que ce fussent des contributions que l'on fît payer dans un pays ennemi plutôt qu'un légitime tribut qu'on levât sur des sujets (159). — Il ne faut pas croire que les païens se représentassent la fortune comme un être qui distribuât les biens et les maux sans savoir ce qu'il fesait (162).— Il semblait que Tarquin-le-Superbe ne fît la guerre que pour enrichir ses soldats, soit qu'il en craignît les forces réunies, ou qu'il voulût les attacher plus étroitement à sa personne et à ses intérêts (159). — Les premières comédies de Molière sont sèches, languissantes, et ne laissaient pas espérer qu'il dût ensuite aller si loin, comme ses dernières font qu'on s'étonne qu'il ait pu tomber de si haut (88). — Nous ne devrions chercher dans les hommes que la vérité, et ne souffrir qu'ils voulussent nous plaire que par elle : en un mot, il semble qu'il devait suffire qu'elle se montrât à nous pour se faire aimer, et qu'elle nous montrât à nous-mêmes pour nous apprendre à nous connaître (114).

DEUXIÈME DEGRÉ.

1er EXERCICE.

174.—Jules César, en domptant les Gaules, fit à sa patrie la plus utile conquête qu'elle eût jamais faite (24).— Quel spectacle que cette foule d'hommes qui, agrandis les uns par les autres, élevés au-dessus d'eux-mêmes, vont exécuter des prodiges dont peut-être chacun d'eux, abandonné à ses propres forces, n'eût jamais conçu l'idée (92)! —Solon voulut que l'on donnât par choix les magistratures civiles qui exigeaient une grande dépense, et que les autres fussent données par le sort (120).—On ne peut pas dire que Carthage eût entièrement renoncé à la gloire de l'étude et du savoir (139).— Comme l'esprit de la religion est de nous porter à faire avec effort des choses grandes et difficiles, il ne faut pas juger qu'une chose soit naturelle parce qu'une religion fausse l'a consacrée (120). — Pompée envoya poignarder Brutus dans cette bourgade qu'il avait choisie pour retraite, soit qu'il eût découvert qu'il entretenait encore de secrètes intelligences avec Lépidus, soit que ce jeune général, élevé dans la cruelle politique de Sylla, ne crût pas qu'on dût laisser vivre aucun chef du parti ennemi (159). Nous voudrions que les places et les dignités fussent disposées à notre gré; que nos conseils réglassent la fortune publique; que les faveurs ne tombassent que sur ceux à qui notre suffrage les avait destinées; que les évènements publics ne fussent conduits que par les mesures que nous avions nous-mêmes choisies (114).

---

175. — La reine de Portugal fit éclater sur le trône toutes les grandes qualités d'une souveraine, et il sembla qu'elle eût oublié dans sa retraite qu'elle eût jamais régné (159). — Les faux amis s'attachent aux richesses, de

même que le feu aux matières combustibles, jusqu'à ce qu'il les ait consumées (88). — Guillaume III laissa la réputation d'un grand politique, quoiqu'il n'eût point été populaire, et d'un général à craindre, quoiqu'il eût perdu beaucoup de batailles (162).—Sylla (après son abdication) retourna le soir à sa maison, seul, et comme un simple particulier, et sans que personne, parmi un si grand nombre d'ennemis qu'il s'était faits, osât lui manquer de respect (159).—Votre lettre m'a tiré d'un fort grand embarras; car je doutais que vous eussiez reçu celle que je vous avais écrite, et dont la réponse est arrivée fort tard à Bourbon.

2e EXERCICE.

176.—Il se passa quatre cents ans avant que Dieu donnât à son peuple la terre qu'il lui avait promise. — Quelque habile que fût Annibal, il fallut que sa capacité cédât à la conduite et à la fortune des Romains (159).—Quelque esprit que je trouve dans cet auteur, mon inclination ne me porterait pas à le prendre pour modèle, si j'avais à faire une comédie (134).—Il n'est point étonnant que les Scythes vivant sans maisons, ne fissent nul cas des arts, si vantés ailleurs (139). Gélon accorda la paix aux Carthaginois, exigeant seulement d'eux qu'ils payassent pour frais de la guerre deux mille talents (139).-- Ces vérités sublimes qu'il importe tant à l'homme de connaître, il était essentiel que Dieu daignât les lui communiquer (93). —Il fallut que l'armée de Cambyse, dans la famine, vécût d'herbes, de racines, de feuilles d'arbre (139). — Ce qu'il importait le plus aux Athéniens, c'était d'avoir de bonnes lois, des lois qui se fissent respecter même d'un tyran, s'il arrivait jamais qu'un citoyen usurpât la tyrannie (40). Mentor voulut qu'on punît sévèrement toutes les banqueroutes, parce que celles qui sont exemptes de mauvaise foi ne le sont presque jamais de témérité (68).— Pierre-le-Grand ordonna qu'on n'entrerait dans les cloîtres qu'à cinquante ans, et il défendit qu'on y reçût à quelque âge que ce fût un homme revêtu d'un emploi public (162).— Bien que sa vertu jetât un fort grand éclat au dehors, c'était tout autre chose au dedans (21.) — Jésus-Christ, en fondant son église, a voulu qu'elle fût dans un état de guerre continuelle (93). —Gélon demanda aux Carthaginois qu'ils bâtissent deux temples où l'on exposât en public et où l'on gardât comme un dépôt les conditions du traité (139). — Le roi de Suède ordonna conjointement avec le sénat qu'on ferait une recherche exacte de tous les droits de la couronne, des biens du domaine que le clergé avait usurpés, et il défendit qu'on fît à l'avenir aucunes fondations, sous prétexte que les ecclésiastiques et les moines s'emparaient insensiblement de tous les biens de l'état (159).

---

177. —On disait tout haut dans les assemblées que c'était bien assez que le peuple souffrît qu'on tirât les deux consuls du corps des patriciens, sans qu'on leur donnât encore ceux qui étaient le plus opposés au partage des terres (159). —Il ne faut pas que vous pensiez, mon cher père, que je me sois donné si parfaitement à la musique, que j'aie négligé toute autre espèce de travail (143).—Il y avait du délire à penser qu'on eût pu faire périr par un crime tant de personnes royales, en laissant vivre le seul

qui pouvait les venger (162). — S'il est vrai que j'ai chassé les ennemis de votre territoire ; que je leur ai tué beaucoup de monde dans deux combats ; que j'ai forcé les débris de leurs armées de s'enfermer dans leurs places,... que vos tribuns se lèvent, et qu'ils me reprochent en quoi j'aie manqué contre les devoirs d'un bon général (159) (discours de Servilius au peuple). — Il est bien rare que la peine, quelque lente qu'elle soit, n'atteigne pas le coupable qui fuit devant elle (134). — Mais je suppose que, par un renversement inouï de tout ordre, le corps entier du sénat fût justiciable de vos tribuns ; supposons encore, si on le veut, qu'il soit échappé à Coriolan quelque chose de trop dur, en disant son avis, n'est-il pas de votre équité d'oublier quelques paroles vaines, et qui se sont perdues en l'air, en faveur de ses services réels, dont vous avez vous-mêmes recueilli tout le fruit (159) ?

SECTION VI.

Observations sur quelques verbes.

178. — On a blâmé les chevaliers d'avoir été chercher les infidèles jusque dans leurs foyers (34). — Le curé a été aussi au roi lui représenter qu'il n'y a tantôt plus dans sa paroisse que des auberges et des coquetiers (134). — Médée alla chercher un refuge à Athènes ; et, après s'y être fait purifier de ses crimes, elle épousa Égée. — C'est abréger et s'épargner mille discussions, que de penser de certaines gens qu'ils sont incapables de parler juste (88). — J'eusse donné, disait Darius, cent Babylones pour épar-

gner à un Zopire un traitement si barbare (12). — Le soleil ni la mort ne se peuvent regarder fixément (138). — La fortune nous a persécutés lui et moi... Pendant qu'Idoménée disait ses paroles, il regardait fixément Mentor (68). — Cet homme ayant une mauvaise réputation, je vous fais observer que vous ne devez pas le fréquenter. — Accoutumez les filles à ne souffrir rien de sale ni de dérangé; qu'elles remarquent le moindre désordre dans une maison; faites-leur même observer que rien ne contribue plus à la propreté, que de tenir toujours chaque chose en sa place (68). — Vous me parlez d'une chose que j'ai peu de peine à me rappeler (104). — Celui qui a reçu des services peut se les rappeler, et celui qui les a rendus doit les oublier. — Ne nous rappelons désormais nos erreurs que pour les déplorer (79). — Vous irez vous promener, si vous ne vous querellez pas.

CHAPITRE VI.

DE L'ADVERBE.

§ I. — CONSTRUCTION.

1er EXERCICE.

Non seulement....... mais encore.

179. — Sylla non-seulement fit donner l'exclusion à ésar qui demandait la prêtrise, mais il résolut encore de

le proscrire (159). — Dans le concile de Constantinople, non-seulement on comdamna comme idolâtrie tout honneur rendu aux images en mémoire des originaux, mais encore on y condamna la sculpture et la peinture comme des arts détestables (24).—Il faut s'abstenir non-seulement de mensonge, mais encore de dissimulation.

Ce n'est qu'avec de l'habitude et des réflexions qu'un jeune homme parvient à sentir tout d'un coup avec plaisir ce qu'il ne démêlait pas auparavant (162). — Les hommes ont été mécaniciens avant de chercher à l'être (40). — Il se répand autour des trônes certaines terreurs qui empêchent de parler aux rois avec liberté (70). — Un bon roi a toujours autour de lui la plus sûre garde, qui est l'amour des peuples (68). — Les vignes, qui se mariaient avec les myrtes, semblaient entrelacer leurs rameaux alentour. — Alexandre donna à Porus un royaume plus grand que celui qu'il avait auparavant.—L'éducation de l'homme commence à sa naissance : avant de parler, avant que d'entendre, il s'instruit déjà (143). — Êtes-vous hors du cabinet ? — Non, je suis dedans (162). — La peste est dedans et dehors la ville (98). — A quoi sert à un peuple que son roi subjugue d'autres nations, si l'on est malheureux sous son règne (68) ? — Il peut tout sur le peuple ; mais les lois peuvent tout sur lui (68). — L'expression sens-dessus-dessous, signifie que tout est renversé ; ce qui était dessus se trouve dessous. — Les grands seraient inutiles sur la terre, s'ils n'y trouvaient des pauvres et des malheureux (114). — Il y a des animaux dedans et dessus la terre (Grammaire de Port-Royal).

2e EXERCICE.

180.—Je puis dire, avec autant de raison que l'auteur de la Callipédie, qu'il ne faut pas se mettre à travailler sitôt après le repas (184).— Aussitôt après la mort de Léonide, Aratus commença à harceler les Arcadiens (139). — La connaissance du genre humain est le but des recherches des savants, et nul objet ne mérite davantage la curiosité de l'homme (118). — A la bataille de Régille, personne ne se distingua plus que ceux qui vinrent à l'appui de Marius (139). — La peau du rhinocéros est un cuir noirâtre de la même couleur, mais plus épais et plus dur que celui de l'éléphant (28). — Le front est une des grandes parties de la face, et l'une de celles qui contribuent le plus à la beauté de sa forme (28). — Après les yeux, les parties du visage qui contribuent le plus à marquer la physionomie sont les sourcils (28). — Le naturel est toujours ce qui plaît le plus (162). — S'il est périlleux de tremper dans une affaire suspecte, il l'est encore davantage de s'y trouver complice d'un grand (88). — Les peuples que nous avons vaincus apprendront nos victoires à la postérité. Nous apprendrons à nos enfants à être aussi braves, aussi vertueux que leurs pères (12).—Le vrai malheur est aussi rare que le vrai bonheur (150). — Il semble que le roman et la comédie pourraient être aussi utiles qu'ils sont nuisibles (88).—Xénophon, homme habile autant qu'éloquent, releva le courage de ses concitoyens, en leur rappelant les journées de Salamine et de Platée (150). — Montaigne croit qu'on serait coupable autant que malheureux de se refuser l'usage des biens que nous avons reçus en partage (160). — La mort n'est pas une chose aussi terrible que nous nous l'imaginons (28). — Tu te trompes, lui dis-je, mes affaires ne sont pas si florissantes que tu te l'imagines (104). La chair des chèvres n'est jamais aussi bonne que celle du mouton (28). On croit que le lion n'a pas l'odorat aussi parfait, ni les yeux aussi bons que la plupart des oiseaux de proie (28).

3e EXERCICE.

181.—Je me veux du mal à moi-même de ne t'avoir pas demandé comment tu vivais (104). — En général les animaux peuvent apprendre à faire de suite ce qu'ils ne fesaient que par intervalles (28).— Le loup-cervier ne court pas de suite comme le loup (28).—D'Almada, qui ne s'attendoit à rien moins qu'à ces sentiments, au désespoir d'avoir si mal placé son secret, ne lui répondit qu'en mettant l'épée à la main (159).—Maître de la Grèce, et soutenu par un fils d'une si grande espérance, Philippe conçut de plus hauts desseins, et ne médita rien moins que la ruine des Perses, contre lesquels il fut déclaré capitaine général (24). — Les chevaux dont la Suisse abonde ne sont rien moins qu'inutiles dans le pays (143).—Il ne fallait rien moins qu'une grande bataille pour décider le sort de tant de peuples (139).— Ces revenus, tout considérables qu'ils sont, n'étant pas proportionnés aux dépenses, on est souvent obligé de recourir à des moyens extraordinaires (12).—Tout avantageuses que furent cette victoire et la conquête d'une place si importante, les Romains sentirent bien que tant que les Carthaginois demeureraient maîtres de la mer, ils ne pourraient venir à bout de les chasser des villes maritimes de la Sicile (139). — Parmi nous, jamais un philosophe, quelque sage qu'il fût, n'a pu s'élever au-dessus de la morale chrétienne (34).—.A Maduré, le missionnaire prenait l'habit du pénitent indien, s'assujettissait à ses usages, se soumettait à ses austérités, quelque rebutantes ou quelque puériles qu'elles fussent (34). — Tout rivaux que nous sommes, nous ne nous estimons pas moins (101).— Quelque grandes que fussent les forces des Romains et des Carthaginois, on peut presque dire que leur haine mutuelle l'était encore davantage (139).— Zadig, tout riche qu'il était, avait de la peine à rassembler chez lui des flatteurs (162).

Il fait tout au rebours du sens commun. — Je ne vous donnerai rien; aussi je n'exigerai rien de vous.—Ils aimeront mieux mourir que de se rendre. — Je vous avertis une fois pour toutes; et, si vous retombez dans la même faute, tant pis pour vous. — Il s'en pourrait résulter un grave inconvénient.

---

182. —Les Romains furent près de cinq cents ans avant que d'avoir pu soumettre les Latins, les Toscans, les Samnites et leurs alliés (159). — On ne voyait pas autour de lui des rangs affreux de gardes (70). — Le royaume de Macédoine, qui avait, près de deux cents ans, donné des maîtres non-seulement à la Grèce, mais encore à tout l'Orient, ne fut plus qu'une province romaine (24). — S'il fallait me priver à cette occasion, du doux séjour de la patrie, je couronnerais ainsi les sacrifices que j'ai faits à l'amour des hommes et de la vérité par celui de tous qui coûte le plus à mon cœur (143). — Caracalla, faux imitateur d'Alexandre, aussitôt après la mort de son père, tua son frère Géta, empereur comme lui, sur le sein de Julie,

leur mère commune ; passa sa vie dans la cruauté et dans le carnage, et s'attira à lui-même une mort tragique (24). — Toute l'Attique est couverte d'oliviers ; c'est l'espèce d'arbre qu'on y soigne le plus (12). — Si l'empire appartenait à la beauté et non à la force, le paon serait sans contredit le roi des oiseaux : il n'en est point sur qui la nature ait versé ses trésors avec plus de profusion (28). — Nous nous piquons de philosophie dans ce siècle, mais certes la légèreté avec laquelle nous traitons les institutions chrétiennes, n'est rien moins que philosophique (34). — On est étonné de voir les Romains, tout neufs et inexpérimentés qu'ils sont dans la marine, non-seulement tenir tête à la nation du monde la plus habile et la plus puissante sur mer, mais gagner contre elle plusieurs batailles navales (139).

De l'usage des expressions négatives.

PREMIER DEGRÉ.

1er EXERCICE.

183. — Le désespoir n'est point d'une ame magnanime (83).

Le véritable homme de lettres ne se bornera donc point à enseigner la vertu dans ses écrits ; on ne verra point ses mœurs contredire ses ouvrages ; et, lorsqu'un sentiment honnête viendra s'offrir sous sa plume, il ne le repoussera point comme un accusateur (155). — Il n'a pas trop de peine. — En m'annonçant cette nouvelle, ne m'avez-vous point trompé ? si cela était, je vous en voudrais long-temps.

Si l'eau était un peu plus raréfiée, nulle espèce d'animaux ne pourrait nager, nul poisson ne pourrait vivre, et il n'y aurait aucun commerce par la navigation (68).— Nulle fatigue ne pouvait dompter ni les forces du corps d'Annibal, ni la fermeté de son courage (139). — Il fesait sans peine l'aveu de ses fautes, apparemment parce qu'elles ne lui avaient guère coûté (12).—Il ne craint ni les dieux ni les reproches de sa conscience (68). — Après deux ans de voyages et de travaux auxquels nul autre homme que lui n'eût voulu se soumettre, Pierre-le-Grand reparut en Russie, amenant avec lui les arts de l'Europe (162).— Pompée pensa être pris, et son armée aurait été entièrement défaite, si Métellus ne s'était avancé à son secours (159).—Ces pieux solitaires vivent moins qu'ils ne meurent chaque jour par une mort anticipée (28).—L'homme ne règne que par droit de conquête; il jouit plutôt qu'il ne possède (28).—On ne peut pas être touché plus que je le suis de toutes vos bontés (21).—Depuis l'invention de la poudre, les batailles sont beaucoup moins sanglantes qu'elles ne l'étaient, parce qu'il n'y a plus de mêlée (120). — Assurez-vous qu'on ne peut vous plus aimer que je vous aime (134). — Les rochers de Thrace et de Thessalie ne sont pas plus sourds ni plus insensibles aux plaintes des amants désespérés que Télémaque l'était à toutes ces offres (68).—Je crois pouvoir dire d'un poste éminent et délicat qu'on y monte plus aisément qu'on ne s'y conserve (88). — Soyez bien persuadé, Monsieur, qu'on ne peut être plus reconnaissant de vos bontés, plus touché de votre estime que je le suis, ni vous honorer plus respectueusement que je le fais (143.)— Je connais les grands; ils comptent pour rien le zèle et l'attachement d'un honnête homme (104).

Chaque jour sans scrupule on viole nos droits,
Et l'on compte pour rien la justice et les lois (32).

---

184. — Songez-y bien, dit Sénèque : une partie de la vie se passe à mal faire, la plus grande à ne rien faire, la presque totalité à faire autre chose que ce qu'on devrait (150). — Je m'ennuierais si je passais ma vie à ne rien faire (162). — Je suis trop vieux pour rien entreprendre (162).—Les défenses de rien laisser passer sont plus sévères que jamais (162).—Il s'en fallait de beaucoup que la famille de Descartes lui rendît justice (155).—Il s'en faut beaucoup que chaque être à deux mains et à deux pieds possède un fonds de cent vingt livres de revenu (162). —Cet homme paraît faire tout ce qu'il veut ; mais il s'en faut bien qu'il ne le fasse (68). Le comte ne sut pas sitôt ce malheur, qu'il poussa des cris comme une femme; et, dans l'excès de sa douleur, s'en prenant à tous ses gens sans exception, peu s'en fallut qu'il ne fît maison nette (104).—Il s'en fallait bien peu que Pythagore n'enseignât aussi l'incompréhensibilité de toutes choses (162).—Il y a un temps infini que je ne lui ai écrit (143). — Il y a long-temps que je n'ai reçu de vos nouvelles par vous-même (143).—Ce n'est pas que je fusse mécontent de le voir.—Ce n'est pas que je sois content de cet évènement.—Il n'y avait personne qui courût mieux que lui.—Il n'y avait personne qui ne courût mieux que lui.

Il n'est pas douteux que le siège de Rome n'eût été long et laborieux, si Annibal se fût présenté à ses portes (107). — L'homme vertueux ne doute pas qu'il n'y ait un Dieu (18). — On ne peut nier qu'Aratus n'ait été un des plus grands hommes de son temps (139).—On ne saurait disconvenir que l'air de Montpellier ne soit fort pur, et en hiver assez doux (143).

185. — On prétend que Romulus même voulut être le premier augure de Rome, de peur qu'un autre, à la faveur de ces superstitions, ne s'emparât de la confiance publique (159). — Jamais homme ne craignit moins que le prince de Condé que la familiarité blessât le respect (24). — Peut-on craindre que la terre manque aux hommes ? Il y en aura toujours plus qu'ils n'en pourront cultiver (68). — Pierre-le-Grand prit Narva d'assaut après un siège régulier et après avoir empêché qu'elle ne fût secourue par mer et par terre (162).

Ah! Madame, n'empêchez pas qu'on achève le crime (162). — La modération et la frugalité de Mentor n'empêchèrent point qu'il n'autorisât tous les grands bâtiments destinés aux courses de chevaux et de chariots, aux combats des lutteurs, à ceux du ceste et à tous les autres exercices qui cultivent le corps (68). — L'enfant mal soigné aura le temps de périr avant que sa nourrice ait pour lui une tendresse de mère (143). — Avant que les enfants sachent entièrement parler, on peut les préparer à l'instruction (143). — L'évangile va au-devant du crime, le prévient, l'attaque avant même qu'il ne soit formé (93). — Lucius fut chéri des Romains avant qu'Horace l'eût fait oublier ; Regnier fut goûté des Français avant que Boileau parût (162).

Vous, mon père, prenez nos dieux, nos vases saints ;
Je ne puis y toucher avant qu'une onde pure
Du sang dont je suis teint n'ait lavé la souillure (50).

186.—Il faut, cria Icilius à Appius, que tu m'arraches la vie avant que tu puisses jouir du fruit de tes artifices et de ta tyrannie (159). — Je l'avais trop prévu ; le temps du bonheur est passé comme un éclair, celui des disgraces commence, sans que rien m'aide à juger quand il finira (142).—Cette religion ne s'arrête pas même à cette époque antique; elle se noue à un autre ordre de choses, à une religion typique qui l'a précédée : l'une ne peut être vraie sans que l'autre ne le soit (203). —Peu de jours se passaient sans qu'elle ne fît d'un côté ou de l'autre un prosélyte à la doctrine constitutionnelle (87).— On ne pourra se moquer des passages d'Escobar et des décisions si fantasques et si peu chrétiennes de vos autres auteurs, sans qu'on soit accusé de rire de la religion (126).

Un homme en vaut un autre, à moins que par malheur
L'un d'eux n'ait corrompu son esprit et son cœur (53).

Appelons le peuple à notre secours. Vous savez qu'il n'a pas tenu à lui que nous ne fussions déjà vengés (159. Octave à Antoine).

2e EXERCICE.

187.—Ne prodiguez ni les éloges ni les statues à aucun citoyen tant qu'il n'aura pas terminé sa carrière.— Le grand nombre de consonnes embarrasse plutôt le passage des voyelles qu'il ne le facilite.—Bacon jugea les siècles passés, et alla au-devant des siècles à venir ; mais il indiqua plus de grandes choses qu'il n'en exécuta (155).—

Tout ce que nous voyons du monde n'est qu'un trait imperceptible dans l'ample sein de la nature; nulle idée n'approche de l'étendue de ses espaces (126).—Un honnête homme a plus d'esprit qu'il ne lui en faut; un fripon n'a pas assez de tout le sien.—On ne doit pas douter qu'il n'y ait eu dans l'antiquité la plus reculée des Alexandres et des Césars dont le temps a fait oublier les exploits.—Les éléphants ne font aucun mal à ceux qui ne les cherchent pas (28).—On ne peut pas être plus frappé qu'il l'est de cette injure (120).—Il ne manquait plus à ma vanité que de rendre Fabrice témoin de ma vie fastueuse.-Je ne doutais pas qu'il ne fût de retour d'Andalousie (104).

Quoi! dans mon désespoir trouvez-vous tant de charmes?
Craignez-vous que mes yeux versent trop peu de larmes?
(134).

Les magistrats populaires n'avaient été établis dans leur origine que pour empêcher qu'on ne fît violence à aucun citoyen romain (153).—Les lions sont maintenant beaucoup moins communs qu'ils ne l'étaient anciennement (28). Ce sont les vieilles qui sont sorcières dans le Kamtchatka, comme elles l'étaient parmi nous, avant que la saine physique nous éclairât (162).— A peine chacun se contient dans l'attente du signal : hâtez-vous de le donner vous-mêmes, avant que vos trompettes ne vous échappent, et ne le donnent malgré vous (113).

DEUXIÈME DEGRÉ.

1er EXERCICE.

188.—Charles XII avait encore une autre armée de quinze mille hommes en Finlande, et de nouvelles recrues lui venaient de Suède; avec toutes ces forces on ne douta pas qu'il ne dût détrôner le czar (162).—Vous ne sauriez nier qu'un homme n'apprenne bien des choses quand il voyage, et qu'il étudie sérieusement les mœurs des peuples (68).—Le mococo s'apprivoise assez pour qu'on puisse le laisser aller et venir sans craindre qu'il s'enfuie (28). —Auguste fit des lois pour empêcher qu'on affranchît trop d'esclaves (120). — Combien de gens n'avez-vous pas vus qui ne peuvent supporter ni le vin ni les liqueurs? (150).—Il faut essayer de faire goûter de bonne heure aux enfants, avant qu'ils aient perdu cette première simplicité des mouvements les plus naturels, le plaisir d'une amitié cordiale et réciproque (68).—Le mensonge n'a point de douleur si sincère (162).

J'allais alors d'un pas plus tranquille chercher quelque lieu sauvage dans la forêt, quelque lieu désert, où rien, en me montrant la main de l'homme, ne m'annonçât la servitude et la domination; quelque asyle où je pusse croire avoir pénétré le premier, et où nul tiers importun ne vînt s'interposer entre la nature et moi (143).—Y a-t-il aucun livre qui ait, autant que nos livres sacrés, excité, l'attention de tous les hommes, les recherches profondes des savants de tous les siècles, sans qu'on ait pu en affaiblir l'autorité? (80).—Je ne doute pas que votre cœur ne sente le prix de l'amitié; mais j'ai lieu de croire que la vôtre m'est bien plus nécessaire qu'à vous la mienne (143).

2e EXERCICE.

189.—Annibal étant blessé, il y eut une telle épouvante et une telle confusion, qu'il s'en fallut de bien peu que les ouvrages et les galeries ne fussent abandonnés (180).—

On a remarqué que, lorsque le lion voit des hommes et des animaux ensemble, c'est toujours sur les animaux qu'il se jette, et jamais sur les hommes, à moins qu'ils ne le frappent (28).—Il y a eu tel citoyen romain qui avait dix et même vingt mille esclaves, sans compter ceux qui travaillaient dans les maisons de campagne; et, comme on y comptait quatre ou cinq mille citoyens, on ne peut fixer le nombre de ses habitants sans que l'imagination ne se révolte (120). — L'avarice, l'ambition, l'envie et la colère sont des plaies plus grandes et plus dangereuses dans les ames que les abcès et les ulcères ne le sont dans le corps (68).— Les anciens historiens, qui mettent l'origine de Tyr devant la ruine de Troie, peuvent faire conjecturer que Didon l'avait plutôt augmentée et fortifiée qu'elle n'en avait posé les fondements (24).— Qu'on parcoure jusqu'aux extrémités les plus reculées et les plus désertes, nul lieu dans l'univers, quelque caché qu'il soit au reste des hommes, ne peut se dérober à l'éclat de cette puissance qui brille au-dessus de nous dans les globes lumineux qui décorent le firmament (114). — On ne doutait point que Sylla ne se vengeât cruellement et qu'il ne répandît beaucoup de sang, s'il pouvait se rendre maître de Rome (159). — Ce qui était le plus embarrassant pour les décemvirs, c'est qu'ils craignaient que l'année de leur magistrature étant expirée, on ne leur disputât, comme à de simples particuliers, le droit de convocation (159). — L'Écriture nous fait voir la terre revêtue d'herbes et de toutes sortes de plantes avant que le soleil ait été créé, afin que nous concevions que tout dépend de Dieu seul (24). — Les enfants sont bien plus pénétrants qu'on ne croit; et dès qu'ils ont aperçu quelque finesse dans ceux qui les gouvernent, ils perdent la simplicité et la confiance qui leur sont naturelles (68).—Le jaguar est maintenant moins commun au Brésil qu'il ne l'était autrefois : on a mis sa tête à prix, on en a beaucoup détruit (28). — Les eaux pompées par le vent se gelèrent en passant par-dessus les sommets des montagnes ; les soldats d'Annibal se couchèrent étendus par terre, s'ensevelissant sous leurs vêtements plutôt qu'ils ne s'en couvraient, et il succéda un froid d'une telle âpreté qu'aucun de ces hommes ne put de long-temps se relever et se dresser sur ses pieds (180).—Il faut distinguer deux sortes de gouvernements ; ceux où l'utilité publique est comptée pour tout, et ceux où elle n'est comptée pour rien (12).

CHAPITRE VII.

DE LA PRÉPOSITION.

PREMIER DEGRÉ.

1er EXERCICE.

190. — Sauvez-vous, Aristomènes, sauvez nos malheureux amis ; c'est à moi de m'ensevelir sous les ruines de ma patrie (12). — Les musiciens ne sont pas faits pour raisonner sur leur art ; c'est à eux de trouver les choses, au philosophe de les expliquer (143). — Faibles mortels que nous sommes ! Est-ce à nous de pénétrer les secrets de la divinité ? (12). — On dit qu'après s'être déposé de

la dictature, Sylla cria tout haut au milieu de la place qu'il était prêt à rendre compte de sa conduite (159). — Un conjuré qui tremble est bien près de périr (37). — De quoi servent la puissance et l'argent pour rendre les cœurs heureux (143)? — N'approche pas de lui, mon fils, car il croirait que tu voudrais lui insulter dans son malheur (68). — Tout le peuple à grands cris applaudit à sa victoire (149). — Quels fléaux pour les grands que ces hommes nés pour applaudir à leurs passions! (114). — Le peuple applaudissait au gouvernement qui lui fesait avoir le pain à si bon marché (40). — Il y a un goût dans la vertu auquel ne peuvent atteindre ceux qui sont nés médiocres (88). — On vit Saint-Louis suppléer par sa vertu à l'inégalité du nombre, et soutenir lui seul le poids de l'armée (70). — C'est ainsi qu'une économe industrie supplée à la diversité des terrains et rassemble vingt climats en un seul (106). — La routine supplée quelquefois à l'esprit, mais jamais au bon sens (205). — Je ne puis croire au témoignage d'un si méchant homme (98). — Mais vous qui l'accusez, croyez-vous à son crime (106)? — Origène, Eusèbe, Bossuet, Pascal, Fénelon, Bacon, Leibnitz ont cru à la vérité de l'histoire de Moïse (34). — Croyez à un homme qui doit être agréable aux dieux, puisqu'il souffre pour la vertu (120). — Justin ne croyait qu'à lui-même et à ses passions (24). — Il était défendu aux Juifs de croire à tout feseur de miracles (126). — Il faut croire à Dieu, à la conscience, au libre arbitre, parce qu'on les sent (169). — C'est un aveuglement de vivre mal en croyant à Dieu (126).

Sur le chemin des ans on aime à revenir (106).
J'aime à voir de Pigal l'industrieuse main
Donner des sens au marbre, et la vie à l'airain (50).

2e EXERCICE.

191. — Socrate prit le parti de rejeter ces théories abstraites qui ne servent qu'à tourmenter ou à égarer l'esprit (12). — Mille gens à la cour y traînent leur vie à embrasser, à serrer et à congratuler ceux qui reçoivent, jusqu'à ce qu'ils meurent sans rien avoir (88). — La lionne est occupée pendant plusieurs mois à soigner et à allaiter ses petits (28). — Ces victoires continuelles des Romains ne servaient qu'à élever le courage et à augmenter l'ambition des principaux du peuple (159). — Il y avait à vingt pas de là un grand hôtel garni. J'y louai un appartement de cinq à six pièces seulement (104). — Tenez, Gilblas, voilà dix pistoles pour aller demain matin à la provision. Cinq ou six de nos messieurs et de nos dames doivent dîner ici; ayez soin de nous faire faire bonne chère (104).

Monsieur, tous mes procès allaient être finis;
Il ne m'en restait plus que quatre ou cinq petits (134).

Que fait mon fils? Il est à étudier sa leçon. — Trouvant la clef après la porte, j'entrai sans sonner. — Comme Pyrrhus combattait en désespéré, un des ennemis l'approcha et lui donna un grand coup de javeline au travers de la cuirasse (139). — Bossuet élève ses lamentations prophétiques à travers la poudre et les débris du genre humain (106). — La poésie prospérait encore et s'élevait comme à travers les ruines de sa patrie (106). — Tous les ouvrages de l'homme sont vils et grossiers auprès des moindres ouvrages de la nature, auprès d'un brin d'herbe ou de l'œil d'une mouche (113). — Tous les anciens physiciens ne sont rien auprès des modernes (155). — Les plus tôt arrivés se placent avant les autres; les plus considérables se placent devant (82). — Nous ne déjeûnons plus que de lait et de fruit. — Ma nièce a, depuis hier, une migraine effroyable qui ne fait que de la quitter, et la pauvre enfant repose depuis un quart-d'heure (104). — On combattit en champ clos; il n'y eut que cinq chevaliers de tués (162). — Lequel des deux fait un usage plus sensé de sa raison, ou le fidèle qui croit, ou l'incrédule qui refuse de croire (114)? — Lequel préférez-vous, comme poète épique, ou d'Homère ou de Virgile (106)? — Les armées se mirent en campagne sitôt que le printemps fut venu (159). — La royauté est un ministère de religion envers Dieu, de justice envers les peuples, de charité envers les misérables, de sévérité envers les méchants, de tendresse envers les bons (70).

DEUXIÈME DEGRÉ.

192. — Vous avez, dit le dictateur Manius Valérius, en bons citoyens, satisfait à votre devoir. Ce serait à moi à m'acquitter à mon tour de la parole que je vous ai donnée; mais une brigue plus puissante que l'autorité même d'un dictateur empêche aujourd'hui l'effet de mes sincères intentions (159). — Nous sommes plus près d'aimer ceux qui nous haïssent que ceux qui nous aiment plus que nous ne voulons (206). — Il vaut mieux exceller dans le médiocre que de s'égarer en voulant atteindre au grand et au sublime (21). — Votre imagination suppléera aux choses que j'ai omises (162). — Les éléphants sauvages sont presque toujours occupés à arracher des herbes, à cueillir des feuilles, ou à casser du jeune bois (28). —

Ils étaient si serrés les uns contre les autres qu'ils ne pouvaient lancer leurs javelots s'ils en lançaient quelques-uns, ils se rencontraient et s'entrechoquaient, de sorte que la plupart tombaient à terre sans effet (157).— Sylla, aussi libéral envers ses amis, que dur et inexorable envers ses ennemis, se fesait un plaisir de répandre à pleines mains les trésors de la république sur ceux qui s'étaient attachées à sa fortune; mais aussi il en exigeait une dépendance entière (159). — Sans doute on apprend à parler et à écrire en lisant les bons auteurs et en fréquentant ceux qui parlent bien ; et de fait, rien ne peut entièrement suppléer à ce double genre d'exercice (101). — Agrippa fut attaché successivement à trois ou quatre princes et princesses, et n'en fut que plus malheureux (155). — Il vaut mieux avoir de mauvaises lois et les observer, que d'en avoir de bonnes et les enfreindre (106). — Mais au fond laquelle est la plus à craindre de l'intempérance du Suisse ou de la réserve de l'Italien (143).

---

193. — Ces cœurs que les bourreaux ne fesaient point frémir,
A l'offre d'une mitre étaient prêts à gémir ;
Et, sans peur des travaux, sur mes traces divines
Couraient chercher le ciel au travers des épines (21).

Afin que le peuple eût toujours dans la ville des protecteurs prêts à prendre sa défen se, il n'était point permis aux tribuns de s'en éloigner un jour entier, si ce n'était dans les féries latines (159). Ce voisinage de volcan rappelait Empédocle tourmenté des grands secrets de la nature et prêt à s'élancer dans les abîmes de l'Etna

(160). — La narration ne sert de rien, lorsque les faits viennent d'être exposés tels que nous voulons qu'ils le soient (106). — Les gouttes de rosée descendent à travers les airs sur les rosiers (106). — L'enfant de six à sept ans est plus assuré de vivre qu'on ne l'est à tout autre âge (28). — Comme rien n'est si intéressant que d'étudier un grand homme dans sa retraite, nous passions une partie de la journée à nous entretenir avec Xénophon, à l'écouter, à l'interroger, à le suivre dans les détails de sa vie privée (12). — Rome, près de succomber, se soutient principalement durant ses malheurs, par la constance et la sagesse du sénat (139). — On n'entendait qu'imprécations contre Catilina, et que louanges de Cicéron ; la plupart le reconduisirent jusqu'en sa maison ; les femmes même mirent des illuminations à leurs fenêtres, comme pour éclairer (159). — La France eut aussi ses Césars et ses Catons ; parmi les premiers on aime à compter les Turenne, les Condé et les Villars ; au nombre des autres brillent les Sully, les Daguesseau et les Molé.

CHAPITRE VIII.

DE LA CONJONCTION.

1er EXERCICE.

194. — Si les hommes étaient sages, et qu'ils suivissent les lumières de la raison, ils s'épargneraient bien des

chagrins. — Plutarque, dans la vie de Caïus, nous apprend que personne à l'armée ne fit paraître plus de valeur contre les ennemis, et plus d'attachement pour la discipline militaire (159). — Dans les rêves, les images se suivent, les sensations se succèdent sans que l'ame les compare ni les réunisse (28). — Le consul Servilius se présenta, pour ainsi dire, de front au péril; et, sans changer d'habit ni de contenance, il se rendit à l'assemblée du peuple, où il avait été cité (159).— C'est des contraires que résulte l'harmonie du monde (18). — Quelques Aborigènes, espèce de sauvages, vivent indépendants et isolés, sans lois et sans gouvernement (180). — Un prodigue ne s'avise guère de s'offenser de voir rire d'un avare, ni un dévot de voir tourner en ridicule un libertin (21). Plus les lois sont excellentes, et plus il est dangereux d'en secouer le joug (12). — Rien ne fut capable de rebuter ni de vaincre la fermeté d'Alexandre, qui était déterminé à emporter Tyr d'assaut à quelque prix que ce fût (139). — J'aurai peut-être occasion de te prouver que plus il y a d'hommes dans un état, et plus le commerce y fleurit; je prouverai aussi facilement que plus le commerce y fleurit, et plus le nombre des hommes y augmente : ces deux choses s'entr'aident et se favorisent nécessairement (120). — La sagesse n'a rien d'austère ni d'affecté; c'est elle qui donne les vrais plaisirs (68). — A la table de Cléomène, il n'y avait point de musique ni de concert (139). — On arma tous les esclaves, tous les habitants, sans distinction de sexe ni d'âge (150). — Si les modèles qu'on nous présente au théâtre se trouvaient à une trop grande élévation, leurs malheurs n'auraient pas le droit de nous attendrir, ni leurs exemples celui de nous instruire (12). — On n'est jamais si heureux ni si malheureux qu'on se l'imagine (138). — Les grands ni les rois ne peuvent se perdre ni se sauver tout seuls (113). — C'est une grande misère que de n'avoir pas assez d'esprit pour bien parler, ni assez de jugement pour se taire. Voilà le principe de toute impertinence (88).

2ᵉ EXERCICE.

195. — Tous les citoyens, dit Zaleucus, doivent être persuadés de l'existence des dieux. L'ordre et la beauté de l'univers les convaincront aisément qu'il n'est pas l'effet du hasard, ni l'ouvrage de la main des hommes (12). — Quoique Dieu soit tout-puissant, il ne peut violer ses promesses, ni tromper les hommes (120). — Je me hâte de vous écrire deux mots, parce que je ne puis souffrir que vous me croyiez fâché, ni que vous preniez le change sur mes expressions (143). — Aucun obstacle, aucun malheur ne pouvait ni surprendre Alcibiade, ni le décourager (12). — Les enfants grecs ne portaient point de souliers, ni de cheveux longs dans l'enfance (6). — Les meilleurs chevaux ne peuvent pas faire plus de quatre lieues dans une heure, ni plus de trente lieues dans un jour (28). — Si tous les hommes étaient des Frérons, leurs livres n'offriraient pas des instructions fort utiles, ni leur caractère une société fort aimable (143). — Dans les rêves, les sensations se succèdent sans que l'ame les compare ni les réunisse (28). — Sans chercher à combattre les chiens ni les bergers, sans traîner les cadavres, le renard est plus sûr de vivre que le loup (28). — Ne croyons pas que notre âme soit un air subtil ni une vapeur déliée ; le souffle que Dieu inspire, et qui porte en lui-même l'image de Dieu, n'est ni air ni vapeur (24). — O citoyens, Cynéas

vit un spectacle que ne donneront jamais vos richesses ni tous vos arts, le plus beau spectacle qui ait jamais paru sous le ciel, l'assemblée des deux cents hommes vertueux, dignes de commander aux hommes et de gouverner la terre (143). — Le visage de Minerve n'avait point cette beauté molle et cette langueur passionnée que j'avais remarquées dans le visage et dans la posture de Vénus (68). — Le sénat et le peuple romain n'oublient ni les services ni les injures ; puisque Bocchus se repent de sa faute, ils lui en accordent le pardon ; et pour ce qui est de la paix et de leur alliance, il les obtiendra quand il les aura méritées (159). — C'est parce que les animaux ne peuvent joindre ensemble aucune idée, qu'ils ne pensent ni ne parlent ; c'est par la même raison qu'ils n'inventent ni ne perfectionnent rien (28). — L'âge ni l'expérience ne rendent jamais l'homme si parfait qu'il ne lui reste plus rien à apprendre (212). — Plus nous avons besoin d'indulgence, plus il est de notre intérêt d'étendre sur les faiblesses de nos semblables le voile bienfesant qui doit en dérober la connaissance à la malignité (126). — Plus on a de peuples à gouverner, plus il faut de ministres pour faire par eux ce qu'on ne peut faire soi-même ; et, plus on a besoin d'hommes à qui l'on confie l'autorité, plus on est exposé à se tromper dans de tels choix (68).

Je n'ai point oublié mes écarts de jeunesse,
Ni pour m'en repentir attendu la vieillesse (129).
N'allez pas sur des vers sans fruit vous consumer,
Ni prendre pour génie un amour de rimer (21).

CHAPITRE IX.

DE LA PONCTUATION.

1er EXERCICE.

VIRGULE.

196. — Le caractère gai des Athéniens demandait des lois plus faciles ; le caractère dur des Lacédémoniens, des lois plus sévères (4). — Si la concupiscence est la disposition habituelle de l'ame à désirer les biens, les plaisirs sensibles, la cupidité en est le désir violent ; l'avidité, un désir insatiable ; la convoitise, un désir illicite (14). — L'opulent a le superflu ; le riche, l'abondance ; le pauvre, le nécessaire, et pas un ne dit : C'est assez (162). — Fiers de leur noblesse, jaloux de leur beauté, les cygnes ont l'air de chercher à captiver les regards.— Avouons nos torts à ceux qui nous aiment : à la voix d'un bon père la conscience reprend son empire, le cœur s'améliore, on se repent, on se corrige (62). — Les principaux organes des végétaux sont la racine, la tige, la feuille, la fleur, le fruit et la semence.— Le goût dans les belles-lettres, c'est le sentiment du beau, l'amour du bon, l'acquiescement a ce qui est bien (106). — La simplicité pare les hommes, la recherche les déguise, la malpropreté les dégrade (109). — Quand les délateurs sont récompensés. on ne manque

pas de coupables. — Dans les méchants haïssez le crime; s'ils reviennent à la vertu, recevez-les comme s'ils n'avaient jamais commis de fautes. — Un seul jour d'un homme instruit, disait Possidonius, est plus long que la plus longue vie d'un ignorant (208). — N'espérez rien cacher, disait Sophocle : le temps voit, entend et développe tout. — Le temps, qui sape la réputation des ouvrages médiocres, a assuré celle du Tasse (162).—La mort, qui frappe au hasard, sépare souvent les cœurs les plus unis, et son fatal ciseau coupe les plus doux liens (150). — Un homme indiscret est une lettre décachetée que tout le monde peut lire (209).—Le plus bel enfant qui se mire à coup sûr s'enlaidit par une grimace de vanité. — Tous les devoirs se mesurent en général par les rapports qui lient les hommes entre eux (210).

3e EXERCICE.

POINT-VIRGULE. — DEUX POINTS.

197.— La politesse est souvent une vertu de mine et de parade; c'est une flatteuse qui ne refuse son estime à personne (211). — Oui et non sont bien courts à dire; mais avant de les prononcer, il faut y réfléchir long-temps. — Sers la justice avec courage, et ne crains point les vains efforts de la calomnie. — Les comparaisons conviennent à la poésie, plutôt qu'à la prose; l'hyperbole et l'antithèse, aux oraisons funèbres et aux panégyriques, plutôt qu'aux harangues et aux plaidoyers; les métaphores sont essentielles à tous les genres et à tous les styles (12). — L'esprit ne se dirige vers le mal que lorsqu'il marche dans l'ombre; dès qu'il s'éclaire, il tourne vers le bien : un peu de philosophie nous conduit à la vertu (150).—La raison dit aux hommes : Faites ce que vous devez faire ; la mode au contraire leur donne cet ordre formel : Faites ce que les autres font. — Caton le censeur était déjà très-avancé en âge, quand il apprit le grec. « Il vaut mieux, disait-il, être vieux écolier que jeune ignorant. » — Mademoiselle Scudéry a dit : La vie est si courte, que ce n'est pas la peine de s'impatienter. — Il y a deux choses auxquelles il faut se faire, sous peine de trouver la vie insupportable : ce sont les injures du temps et les injustices des hommes (209).—Il n'en est pas de l'esprit comme d'un vase : il ne faut pas le remplir jusqu'au bord (138).

3e EXERCICE.

INTERROGATION. — EXCLAMATION, ETC.

198.—Qui dit Dieu, dit un océan infini de toute perfection : tous ses attributs divins sont sans bornes et sans limites. Son immensité passe tous les lieux, son éternité domine sur tous les temps (24).— Qu'est-ce que le sublime ? Il ne paraît pas qu'on l'ait défini. Est-ce une figure ? Naît-il des figures ou du moins de quelques figures ? Tout genre d'écrire reçoit le sublime, ou, s'il n'y a que les grands sujets qui en soient capables, peut-il briller autre chose dans l'églogue qu'un beau naturel, et dans les lettres familières, comme dans les conversations, qu'une grande délicatesse, ou plutôt le naturel et le délicat ne sont-ils pas le sublime des ouvrages dont ils sont la perfection ? Qu'est-ce que le sublime ? Où entre le sublime ? (88)—N'as-tu pas appris de métier ; va bêcher la terre. Veux-tu trouver des occupations champêtres ; les campagnes sont assez vastes. Veux-tu te livrer à la navigation, les mers te sont ouvertes. — Tu veux qu'on te rende justice? sois juste. — Ont-ils faim (les Macédoniens), toute nourriture leur est bonne; sont-ils fatigués, ils couchent sur la terre, et jamais le jour ne les trouve que debout (139). — Mes ennemis sont-ils dans la prospérité, je les combats avec courage; tombent-ils dans l'adversité, ils sont hommes, je les soulage. — Qu'un ami véritable est une douce chose (72)!

Et qui pourrait compter les bienfaits d'une mère !
Malheureux le mortel, en naissant isolé,
Que le doux nom de fils n'a jamais consolé (117)!

Je sais, je sais! propos d'enfant qui revient à ceci : j'ai de la vanité, donc je n'apprendrai rien. — On demandait à Caton d'Utique, encore enfant, quel était son meilleur ami dans le monde. C'est mon frère, répondit-il. — Eh bien! quel est celui qui tient le second rang dans votre cœur? — C'est mon frère. — Et le troisième? — C'est aussi mon frère. Et il ne cessa de faire cette réponse que quand on eut cessé de le questionner.

Les reines des étangs (grenouilles, veux-je dire;
Car que coûte-t-il d'appeler
Les choses par noms honorables?)
Contre leur bienfaiteur osèrent cabaler,
Et devinrent insupportables (72).

EXERCICES GÉNÉRAUX

DE PONCTUATION.

199. — La gaîté est le contre-poison du chagrin : elle éloigne les maladies du corps, égaie l'esprit, se moque des caprices de la fortune, calme l'orage des disgrâces, rend sensible aux agréments de la vie, qu'elle prolonge au-delà du terme ordinaire (61).

Les scélérats tombent dans l'athéisme par ce raisonnement de leur conscience : J'existe, donc Dieu n'existe pas.

Eschyle peignit les hommes plus grands qu'ils ne peuvent être ; Sophocle, comme ils devaient être ; Euripide, tels qu'ils sont (12).

Les vœux possibles se changent en projets ; les projets deviennent espérances : telle est la marche ordinaire de nos désirs.

Il est doux de voir croître sous ses yeux la plante rare qu'on a semée soi-même ; il n'est pas moins doux de sentir fructifier une vertu nouvelle dont la semence a germé dans le cœur.

Notre ignorance nous ferait pitié, si notre vanité ne nous en dérobait la connaissance.

Si tu achètes le superflu, tu vendras bientôt le nécessaire.

On recommence ses fautes quand on les oublie (150).

Quand on court après l'esprit, on attrape souvent la sottise (120).

La religion donne à la vertu les plus douces espérances; au vice impertinent, les plus vives alarmes; et au vraì repentir, les plus douces consolations (120).

Le jeu est le dissipateur du bien, la perte du temps, le gouffre des richesses, l'écueil de l'innocence, la destruction des sciences, l'ennemi des mœurs, le père des querelles (143).

La loi doit être comme la mort, qui n'épargne personne (120).

L'absence diminue les passions médiocres, elle augmente les grandes; comme le vent éteint les bougies, et allume le feu (33).

L'intérêt, qui aveugle les uns, fait la lumière des autres (138).

Quand nous sommes exigeants, nous sommes injustes ou vains; nous voulons les autres parfaits. Que sommes-nous? que pensons-nous être?

Veux-tu que tes désirs aient toujours leur effet, ne désire que ce qui dépend de toi.

Ne débite point de belles maximes; mais fais ce que ces maximes prescrivent.

L'amour-propre est l'amour de soi-même et de toutes choses pour soi: il rend les hommes idolâtres d'eux-mêmes; et les rendrait les tyrans des autres, si la fortune leur en donnait les moyens (138).

Tu supportes des injustices, console-toi: le vrai malheur est d'en faire.

Cicéron nous l'a dit: les jours de la vieillesse
Empruntent leur bonheur d'une sage jeunesse (50).

Ne dites jamais: cette faute est légère, je puis me la permettre sans danger. Ne dites jamais: cet acte de vertu est peu considérable, il m'est bien permis de l'omettre.

Les hommes sont comme les statues : il faut les voir en place (138).

Les passions, qui sont les maladies de l'ame, ne viennent que de notre révolte contre la raison (114).

Le Ciel, qui mieux que nous connaît ce que nous sommes,
Mesure ses faveurs au mérite des hommes (45).

L'ennui, qui dévore les autres hommes au milieu même des délices, est inconnu à ceux qui savent s'occuper par quelque lecture (68).

Une des maximes de Pythagore était qu'il ne fallait faire la guerre qu'à cinq choses : aux maladies du corps, à l'ignorance de l'esprit, aux passions du cœur, aux séditions des villes et à la discorde des familles (118).

Ne cherchez que des plaisirs honnêtes : les plaisirs sont un bien, quand ils s'accordent avec la vertu ; ils sont un mal, quand ils s'en écartent.

La politique est comme le sphinx de la fable : il dévore ceux qui n'expliquent pas ses énigmes (206).

Il est pénible à un homme fier de pardonner à celui qui le surprend en faute et qui se plaint de lui avec raison ; sa fierté ne s'adoucit que lorsqu'il reprend ses avantages, et qu'il met l'autre dans son tort (88).

L'homme effronté est sans pudeur ; l'homme audacieux, sans respect ou sans réflexion ; l'homme hardi, sans crainte.

Un œil au bout d'un sceptre signifiait la providence d'Osiris ; un faucon, sa vue perçante (150).

Voltaire avait coutume de dire : Pour juger d'un écrivain, il me suffit de recevoir de lui une lettre de six lignes.

Voyez comme tout s'anime sous le pinceau d'Homère :

la lance est avide du sang de l'ennemi ; le trait, impatient de le frapper (12).

L'amour de la patrie doit introduire l'esprit d'union parmi les citoyens ; le désir de lui plaire, l'esprit d'émulation (12).

L'avarice s'appelle économie, la profusion générosité, la colère vivacité, la brusquerie franchise (105).

La grossièreté, la rusticité, la brutalité, peuvent être les vices d'un homme d'esprit (88).

Les Spartiates furent étonnés de la frugalité d'Alcibiade ; les Thraces, de son intempérance ; les Béotiens, de son amour pour les exercices les plus violents ; les satrapes de l'Asie, d'un luxe qu'ils ne pouvaient égaler (12).

Le bruit est pour le fat, la plainte pour le sot ;
L'honnête homme trompé s'éloigne et ne dit mot (96).

Quand on examine sans prévention le caractère et les mœurs des Scythes, est-il possible de refuser à ces peuples son estime et son admiration (139)?

En peinture Teniers a fait des scènes paysannes ; Berghem, des églogues ; Le Poussin, des idylles (113).

Dieu explique le Monde, et le Monde le prouve ; mais l'athée nie Dieu en sa présence (206).

Je crains Dieu, disait un homme sensé ; et, après lui, je ne crains que celui qui ne le craint pas.

Le méfiant juge les hommes par lui-même, et les craint ; le défiant en pense mal, et en attend peu.

Ce sont de grands malheurs qui ont fait briller toutes les grandes vertus ; et d'un autre côté, n'avons-nous pas vu les rois et les empires qui ont le mieux résisté aux coups de l'adversité, succomber sous les faveurs de la fortune, et se perdre par l'excès de leur prospérité (150) ?

Combien d'exemples fameux n'a-t-on pas à citer pour prouver que la vieillesse n'est pas toujours inactive et sans gloire ! Voyez chez les anciens Nestor, l'oracle du camp des Grecs ; Fabius et Caton, soutiens de Rome ; Sophocle à cent ans excitant l'enthousiasme en triomphant de l'envie ; Solon dictant des lois à sa patrie ; et chez les modernes, Villars, vainqueur à Denain ; Lhôpital, sage au conseil, fier et ferme dans l'exil ; Frédéric, ombrageant sa vieillesse de lauriers belliqueux et de palmes littéraires ; Fontenelle et Voltaire, après un siècle de triomphes, rajeunissant encore le Parnasse français (150).

Caton, insulté par un homme diffamé, lui répondit avec cette fierté qui sied si bien à la vertu : « Le combat est trop inégal entre toi et moi : ta coutume est de dire et de faire des infamies ; je n'en dis ni n'en fais. »

Si vous lisez dans l'épitaphe
Du magistrat Fabrice : Il fut homme de *bien*,
C'est une faute d'orthographe ;
Passant, lisez : homme de rien.
Si vous lisez : Il aima la *justice*,
A tout le monde il la rendit,
C'est une faute encor : je connaissais Fabrice ;
Lisez, passant : il la vendit.

L'œil de la vanité est une loupe, qui grossit les plus petits objets : l'horizon étroit de l'homme vain est l'univers pour lui ; et comme il remplit ce petit cercle, il croit occuper une grande place dans le monde, tandis que l'homme de mérite sent combien il est peu de chose au milieu du cercle immense que parcourent ses idées, et que mesure son génie (150).

On ne peut s'attendre, il est vrai, à trouver toutes les

vertus réunies dans une créature humaine : le vouloir, ce serait faire de l'amitié une chimère ; mais il est évident qu'il faut au moins posséder les principales pour être digne d'éprouver et d'inspirer ce sentiment. C'est pourquoi un tel bonheur a toujours été si rare, et qu'il faut des siècles pour trouver des Orestes et des Pylades, des Lélius et des Scipions, des Henris IV et des Sullys (150).

L'envie flétrit la gloire, l'intrigue enlève les places, un orage politique renverse les fortunes, le plus léger accident détruit la santé; l'amitié offre des biens plus solides et plus universels : on la retrouve partout, nulle part elle n'est étrangère, jamais hors de saison, jamais importune; elle rend les prospérités plus complètes et les malheurs plus supportables (150).

Lorsque vous voyez un vieillard aimable, doux, égal, content et même joyeux, soyez certain qu'il a été dans sa jeunesse juste, bon, généreux et tolérant ; sa fin ne lui donne ni regret du passé ni crainte de l'avenir, et son couchant est le soir d'un beau jour (150).

Ce n'est pas qu'un homme de lettres, sans quitter le genre qu'il a embrassé, ne puisse et ne doive même jeter un coup d'œil sur tous les arts en général : si Milton, le Tasse, le Camoëns, n'avaient lu que des vers, leur poésie aurait moins intéressé; mais il faut beaucoup de choix dans ces lectures de genres différents (155).

Une société d'athées peut-elle subsister ? Cette question a été souvent agitée, et j'y répondrai par cette autre : Une poignée de sable que n'unit aucun ciment, peut-elle être dispersée par un ouragan ?

Un esclave ayant vivement ému Socrate par sa mauvaise conduite : Je te frapperais, lui dit le sage, si je n'étais pas en colère.

Les esprits dissipés, et qui ont beaucoup de connaissances superficielles, sont semblables à ces rivières dont *le lit* est fort large, et qui occupent beaucoup de pays, et qui offrent une vue agréable sans être d'aucune utilité : au lieu que les esprits récueillis ressemblent à celles dont le lit est resserré, qui ne paraissent pas tant, mais qui sont profondes et utiles (74).

Tant qu'on admire un bel esprit,
Avec plaisir il s'humilie;
Moquez-vous de ce qu'il écrit,
Vous connaîtrez sa modestie (139).

Le vicomte de S..... disait : voulez-vous savoir ce que c'est qu'une révolution ? l'explication se trouve dans ce peu de mots : « Otez-vous de là, que je m'y mette » (150).

Le sublime se trouve quelquefois dans un trait ; les harangues les plus courtes sont les meilleures : longues et noyées dans une éloquence fastidieuse, elles provoquent l'ennui ; faites mal-à-propos, elles sont inutiles, et ne prouvent qu'une misérable démangeaison de parler.

Monsieur ! secourez-moi. — Maraud ! — Soyez humain !
— Eloigne-toi, maudit ivrogne;
Cours travailler.— Monsieur, je n'ai pas de besogne. —
Bah ! bah ! bah ! — Pour avoir du pain ! —
Non, rien du tout. — Hélas ! et de froid et de faim
Il faudra donc que je périsse ! —
Tiens, prends, va-t'en au diable, et que Dieu te bénisse !

La bienfesance est la fille de la bonté ; les jouissances qu'elle donne sont innombrables. L'ambition, l'avarice, la volupté, nous promettent et nous vendent ces ombres de bonheur, qui passent comme un éclair : la bienfesance nous donne des plaisirs réels, qui ne s'altèrent jamais, et dont le souvenir seul est encore un bonheur (150).

Un chêne, un orme, un pin, font aisément connaître
Quel sort l'ambitieux peut avoir à la cour :
Ils sont plus de cent ans à croître,
On les abat en moins d'un jour.
Heureux est le mortel qui, du monde ignoré,
Vit content de soi-même, en un coin retiré !
Il n'a point à souffrir d'affronts ni d'injustices,
Et du peuple inconstant il brave les caprices (21).

Fortune, que ne laissez-vous chacun à sa place ? Damon était médiocre ; en l'élevant, vous en avez fait un sot (105).

Oh ! s'il est vrai qu'il y ait au-dessus de l'homme quelque être plus puissant et meilleur que lui, duquel il dépende, je conjure cet être, par sa bonté, d'employer sa puissance à me secourir.

Il n'est pas un officier qui ne remarque avec plaisir le ton modeste et délicat du grand Condé qui écrivait, *je fuyais*, lorsque son armée avait été en fuite, et qui disait, *nous battions l'ennemi*, lorsqu'il venait de remporter une grande victoire (150).

Le grand Condé était allé saluer Louis XIV après la bataille de Senef qu'il avait gagnée contre le prince d'Orange. Le Roi le trouva sur le grand escalier, lorsque le prince, qui avait peine à marcher à cause de sa goutte, s'écria : Sire, je prie votre Majesté de m'excuser, si je vous fais attendre : je suis affaissé sous le poids des infirmités : mon cousin, lui dit le Roi, dites plutôt sous celui des lauriers.

Ecoutez un membre de l'opposition : lorsqu'il peint un ministre, c'est toujours un homme inepte ou corrompu ; sa sévérité est taxée de despotisme, sa bonté de faiblesse. Est-il économe, c'est un avare ; généreux, c'est un dilapidateur. Soutient-il l'autorité, c'est un ambitieux partisan du pouvoir arbitraire. Se montre-t-il indulgent et populaire, il est faible et idéologue. S'il vous résiste, c'est un entêté : s'il vous cède, il est inconséquent et pusillanime (150).

Il est une déesse, inconstante, incommode,
Bizarre dans ses goûts, folle en ses ornements,
Qui paraît, fuit, revient, et naît dans tous les temps :
Protée était son père, et son nom, c'est la Mode (162).

Je vais, disait un ancien, vous donner, pour arriver à ce bonheur suprême, un charme tout puissant sans filtre et sans magie : travaillez à être content de vous-même, et vous trouverez un ami dont vous serez content ; aimez, et vous serez aimé (150).

Le frère d'Euclide lui dit un jour : Je veux mourir, si je ne me venge de toi ! « Et moi, repartit Euclide, je veux mourir, si je ne te persuade d'apaiser ta colère et de m'aimer comme auparavant.»

Philippe, roi de Macédoine, se fesait rappeler tous les jours cette vérité peu agréable aux monarques : « Philippe, souviens-toi que tu es mortel. »

Alexandre dit un jour à Diogène : je vois que tu manques de beaucoup de choses ; je serais bien aise de te secourir : demande-moi ce que tu voudras : » Retirez-vous un peu de côté, répondit le philosophe, vous m'empêchez de jouir du soleil. »

Jules-César, ayant débarqué en Afrique, tomba au sortir du vaisseau, ce qui parut à ses soldats d'un fort mauvais présage; mais, fesant tourner à son profit la disposition de l'armée, « C'est maintenant, s'écria-t-il, que je te tiens, ô Afrique!»

Gracchus sortit de sa maison, malgré les prières et les larmes de son épouse qui s'écria : Gracchus, que vas-tu faire? Tu ne sors pas comme un magistrat pour proposer au peuple des lois utiles. Tu ne cours pas chercher la gloire dans les périls d'une guerre honorable. Tu t'arraches de mes bras pour t'exposer aux coups des assassins de ton frère. Tu cherches sans armes des ennemis implacables. Espères-tu que ton éloquence prouvera ta vertu? Tu crois parler à des juges, et tu ne trouves que des bourreaux. Veux-tu que je sois réduite à implorer les flots du Tibre ou ceux de la mer, pour qu'ils me rendent ton corps qu'on y aura précipité? Ah! crois-moi, depuis la mort de Tibérius, il n'est plus possible de se confier à l'autorité des lois et à la protection des dieux (118).

Cambyse, roi de Perse, était fort adonné au vin. Un jour, un de ses favoris, nommé Prexaspe, lui représenta qu'on trouvait à redire qu'il bût tant. « Je veux te faire voir, lui dit Cambyse, que le vin ne m'ôte ni le jugement ni l'adresse.» Pour cet effet, après avoir bu plus qu'à l'ordinaire, le tyran ordonne qu'on lui amène le fils du favori, qu'on le lie à un arbre; et, s'adressant au père, « si je ne perce, lui dit-il, le cœur de ton fils avec cette flèche, tu auras raison de dire que j'ai tort de tant boire.» Cambyse tire sur l'enfant, l'atteint, le renverse. Il le fait ouvrir, et il se trouve que la flèche l'a percé droit au cœur. Prexaspe, père aussi dénaturé que lâche favori, Prexaspe, loin de venger sur le tyran la mort de son fils, oublie sa douleur pour louer l'adresse du féroce Cambyse: « Apollon, lui dit-il, ne serait pas plus adroit.»

Certain homme amena son fils à Aristippe, et le pria d'en prendre soin. Aristippe lui demanda cinquante drachmes. « Comment! cinquante drachmes, s'écria le père de l'enfant, il n'en faudrait pas tant pour acheter un esclave.» « Va donc l'acheter, lui dit Aristippe, et tu en auras deux. »

Diogène demanda une somme assez forte à un dissipateur. « Quoi, lui dit cet homme, tu ne demandes aux autres qu'une obole ! Cela est vrai, répondit Diogène, mais je ne dois pas espérer que tu puisses me donner plusieurs fois. »

Plût à Dieu, disait Socrate aux personnes qui trouvaient sa maison trop petite, plût à Dieu qu'elle fût toujours pleine de vrais amis !

En amitié, il y a donc deux biens principaux : le premier, c'est d'aimer; le second, de se confier. Pour jouir de ces deux biens, vous comprenez ce qu'il faut : bonté, pour aimer ; estime, pour avoir confiance.

N'ajournons jamais la réconciliation : offensés, ne refusons pas notre main; offenseurs, offrons-la nous-mêmes.

Pour obtenir ce bonheur que promet l'amitié, il faut le mériter en travaillant à devenir vertueux ; car les anciens ont raison : sans vertu, il ne peut exister d'amitié (150).

Si je dis : *Achille s'élance comme un lion*, je fais une comparaison ; si, en parlant d'Achille, je dis simplement : *ce lion s'élance*, je fais une métaphore : *Achille plus léger que le vent*, c'est une hyperbole. Opposez son courage à la lâcheté de Thersite, vous aurez une antithèse. Ainsi la comparaison rapproche deux objets, la métaphore les confond, l'hyperbole et l'antithèse ne les séparent qu'après les avoir rapprochés (12).

LISTE

DES AUTEURS CITÉS DANS CET OUVRAGE.

151 Sévigné (Mme de).
152 Sicard.
153 Soumet.
154 Sismonde-Sismondi.
155 Thomas.
156 Tressan.
157 Vaugelas.
158 Velly.
159 Vertot.
160 Villemain.
161 Volney.
162 Voltaire.
163 Wailly.

LISTE SUPPLEMENTAIRE.

164 Dorvo.
165 Planche.
166 Saint-Evremont.
167 Maugard.
168 Bacon (Traduction de).
169 Staël (Mme de).
170 Ancelot.
171 Lalande.
172 Vauvenargues.
173 Marivaux.
174 Touche (de la).
175 Porte (de la).
176 Daniel (le P.).
177 Boissy.
178 Collin d''Harleville.
179 Suard.
180 Dureau (de la Malle).
181 Dacier (Mme).
182 Fresnel (du).
183 Rivarol.
184 Reyre.
185 Fréron.
186 Arnaud.
187 Launay (Mme de).
188 Sainte-Foix.
189 Reyrac (l'abbé de).
190 Dupaty.
191 Ménage.
192 Patru.
193 Babois (Mme).
194 Boufflers (de).
195 Lambert (Mme de).
196 Aguesseau. (d')
197 Batteux (le).
198 Helvétius.
199 Ambly (Collin d').
200 Mennais (de la).
201 Maistre (de).
202 Duval (Alex.).
203 Retz (cardinal de).
204 Radonviliers.
205 Sénèque (Traduct. de).
206 Champfort.
207 Epictète (Traduct. d').
208 Mirabeau.
209 Oxenstiern.

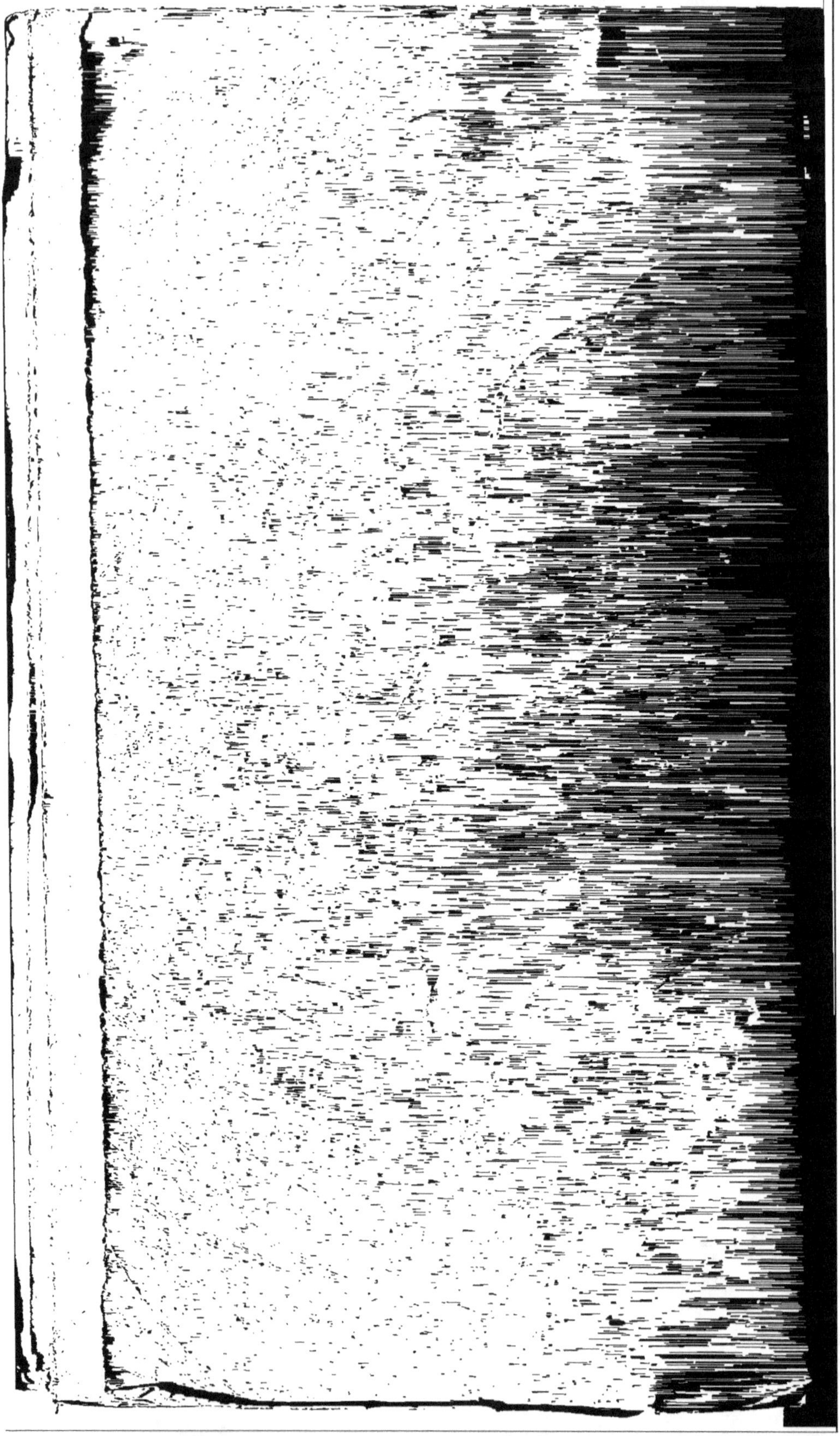

www.ingramcontent.com/pod-product-compliance
Lightning Source LLC
Chambersburg PA
CBHW070804270326
41927CB00010B/2278
* 9 7 8 2 0 1 9 5 5 1 6 9 8 *